金融街 **10** 号丛书
The Series of No.10 Financial Street

编委会

主　编：白伟群

副主编：刘　凡　牛玉锐　宋旭光

编　委：王超群　周　舟　张　超　王亚菲
　　　　曹竞男　刘　玲　梅　婷　姜嘉馨

金融街10号丛书
The Series of No.10 Financial Street

FAIR VALUE OF BONDS:
APPLICATION IN NATIONAL ACCOUNTING

债券公允价值在国民经济核算中的应用研究

中央国债登记结算有限责任公司　◎主编
中债金融估值中心有限公司

全国百佳图书出版单位
时代出版传媒股份有限公司
安徽人民出版社

图书在版编目(CIP)数据

债券公允价值在国民经济核算中的应用研究/中央国债登记结算有限责任公司 中债金融估值中心有限公司主编.—合肥:安徽人民出版社,2019.4

ISBN 978-7-212-10069-8

Ⅰ.①债… Ⅱ.①中…②中… Ⅲ.①债券公允价值—国民经济—应用研究 Ⅳ.①F279.243

中国版本图书馆 CIP 数据核字(2018)第 040936 号

债券公允价值在国民经济核算中的应用研究

ZHAIQUAN GONGYUN JIAZHI ZAI GUOMIN JINGJI HESUAN ZHONG DE YINGYONG YANJIU

中央国债登记结算有限责任公司
中债金融估值中心有限公司　　主编

出 版 人:徐　敏　　　　　　　　　　　　责任印制:董　亮
责任编辑:李　芳　　　　　　　　　　　　封面设计:许润泽

出版发行 时代出版传媒股份有限公司 http://www.press-mart.com
　　　　　安徽人民出版社 http://www.ahpeople.com
地　　址 合肥市政务文化新区翡翠路 1118 号出版传媒广场八楼　邮编:230071
电　　话 0551-63533258　0551-63533292(传真)
印　　刷 安徽联众印刷有限公司

开本:710mm×1010mm　　1/16　　印张:14.25　　字数:280 千
版次:2019 年 4 月第 1 版　　2019 年 4 月第 1 次印刷

ISBN 978-7-212-10069-8　　　　　定价:36.00 元

版权所有,侵权必究

序 一

国民经济核算是以国民经济整体为对象的全面核算,对经济活动进行估价是其中的核心内容之一。随着社会主义市场经济的发展和逐步完善,中国统计制度越来越明确地要求尽可能使用市场价格而非账面价格估价各种经济活动。《中国国民经济核算体系(2016)》指出"市场估价原则"是国民经济核算的基本原则之一,国务院发布的《全国和地方资产负债表编制工作方案》同样明确主要使用市场价格对全国和地方资产负债表进行估价。然而在实际统计过程中,如何选取合适的市场价格,却往往并不容易。一方面,部分经济活动缺乏市场价格;另一方面,部分经济活动具有多个市场价格。如何构建合适的市场估价往往成为决定统计质量的重要因素之一。这在金融活动和资产负债核算中表现得尤为明显。

《债券公允价值在国民经济核算中的应用研究》以基于公开市场基础形成的债券估值和收益率曲线为基础,细致、全面、深入地阐述了债券公允价值在国民经济核算过程中可以起到的补充完善作用。不仅深度讨论了债券收益率曲线在金融中介服务产出核算中的应用,对完善国内生产总值核算方法提供了有益尝试,而且全面讨论了债券估值在资产负债核算中的应用,为部分金融资产和非金融资产估值提供了基础。同时,深入讨论了债券收益率曲线在雇员股票期权公允价值计量中的应用，为完善资金流量核算方法提供了有益的尝试。

本书研究扎实、结构严谨，论证深入，观点新颖。书中的研究结果对完善国民经济核算体系，特别是对当前十分重要的全国和地方资产负债表的编制工作具有重要的借鉴意义，值得统计工作人员和对统计感兴趣的研究者学习和借鉴，相信本书将有助于提升我国国民经济核算水平和相关研究能力。

国家统计局原副局长
中国国民经济核算研究会名誉理事长　　许宪春
清华大学经济管理学院教授

2019 年 3 月

序 二

党的十九大提出了决胜全面建成小康社会,开启全面建设社会主义现代化国家新征程的战略安排,如何客观准确地反映经济已由高速增长阶段转向高质量发展阶段的特征,对国民经济核算工作提出了新要求。国民经济是一个极其复杂的宏观运行系统,为全面、科学地反映其运行,需要借助一套科学的工具,国民经济核算就是这样一套工具体系。它基于经济学原理,按照国际公认的标准,对经济总体进行系统定量测算。2009年,联合国、欧盟委员会、经济合作与发展组织、国际货币基金组织、世界银行等五大国际组织联合颁布了新的国民经济核算国际标准——《2008年国民账户体系》。为反映我国经济生活的新情况新需求新要求,实现与新的国际标准相衔接,国务院批复国家统计局印发实施《中国国民经济核算体系(2016)》。新的体系不仅实现了与最新国际标准接轨,而且突出反映了党的十八届三中全会提出的三项重大国民经济核算改革任务——加快建立国家统一的经济核算制度、编制全国和地方资产负债表、探索编制自然资源资产负债表。开展三大核算改革,组织实施2016年新核算体系,是服务于全面深化改革,反映高质量发展要求,为推进国家治理体系和治理能力现代化提供统计保障。

开展三大核算改革，组织实施2016年新核算体系，着力解决国民经济核算的难点，填补国民经济核算的空白，规范国民经济核算标准，工作涉及面广、技术要求高、实施难度大，存在众多的技术难题。其中，金融活动、金融交易、金融资产负债等在国民经济核算中一直是难点，特别是资产负债市场价格核算、间接计算的金融业增加值中的参考利率选择、雇员股票期权核算等技术复杂，国际上也没有统一的方法，是核算界公认的难点。中央国债登记结算有限责任公司利用自身长期在债券价格研究上的优势，和北京师范大学合作，主动服务国民经济核算改革发展，迎难而上，积极开展债券公允价值在国民经济核算中的应用探索。研究成果集中体现在《债券公允价值在国民经济核算中的应用研究》一书。本书理论研究逻辑严谨，学术上具有前沿性、创新性。同时，结合我国金融实际情况，进行了大量实测和实证分析，操作上具有较强的实践性。研究成果对我国国民经济核算的实务工作者具有较好的参考价值，对进一步发挥国债收益率曲线定价基准作用，改进完善国民经济核算方法，提高我国国民经济核算水平有较好的启发。

国家统计局国民经济核算司副司长　徐雄飞

2019年3月

序 三

经过30多年的发展,我国债券市场基于市场价格以及日趋成熟的估值技术所确立的公允价值指标已受到社会各界的广泛认可和应用,以中债收益率曲线为代表的中债价格指标已发展成为宏观及监管政策实践、市场机构投资与风险计量等领域的必备工具。党的十八届三中全会决议提出"健全反映市场供求关系的国债收益率曲线"以来,作为经济运行的无风险收益率基准曲线,国债收益率曲线建设工作得到了相关各方面的空前关注。目前,人民银行、财政部、银保监会官方网站均发布了中债国债收益率曲线,其中三个月期限的国债收益率也被国际货币基金组织纳入SDR利率篮子。使用中债价格指标产品的境内用户超过1000家,覆盖国内所有的基金公司、保险公司和证券公司以及90%以上的银行类金融机构。此背景下,以国债收益率曲线为代表的债券公允价值已具备了在国民经济核算领域的应用条件。

将债券公允价值从金融市场引入宏观国民经济核算本身是一个前瞻性较强的理论尝试。金融市场的本质是通过交易形成公允的市场价格,这种价格一方面是特定金融资产自身的价格,另一方面则是其他资产都赖以参考的价格基准。债券市场国债收益率曲线正是后一类公允价格指标的经典代表，是众多金融、非金融资产价值判断过程中所倚仗的无风险收益率，也是间接测算金融中介服务产出等核算过程中可行的参考利率。无论是流量的GDP核算，还是存量的国家资产负债核算，估价均为难点，尤其是许多资产和负债在核算期内没有相应的市场交易，就很需要采用国债收益率曲线等无风险收益率基准以现金流贴现等方式得到。从这个角度延伸出去，将债券公允价值引入国民经济核算具有广阔的应用前景。

债券公允价值在本书中包含了上述两个方面的定义和应用，一是债券估值本身，用以比较采用面值或成本法计量并以此核算的债券资产或负债；二是债券市场国债收益率基准，用以探讨作为参考利率核算间接金融中介服务产出，以及更多大类金融与非金融资产的估值与核算、雇员股票期权估值与现金流量核算等。我们相信，债券公允价值将是践行《国民账户体系（2008）》（SNA2008）、《中国国民账户体系（2016）》（CSNA2016）等提出的"市场估价原则"的关键抓手，势必在未来的国民经济核算领域发挥越来越重要的作用。

是为序。

中央国债登记结算有限责任公司监事长
中央国债登记结算有限责任公司上海总部总经理　　白伟群
中债金融估值中心有限责任公司董事长

2019年3月

目录

前　言 ·· 001

第一章　总论 ·· 001

第一节　国民经济核算体系的历史沿革与现状 ················ 001
一、国民经济核算体系介绍 ··· 001
二、国民经济核算体系的国际经验 ······································· 009
三、中国国民经济核算现状 ··· 022

第二节　应用公允价值改进国民经济核算的必要性和紧迫性 ······ 031
一、公允价值的萌芽及国际应用经验 ···································· 031
二、国民经济核算与公允价值 ··· 036
三、公允价值在国民经济核算中的应用背景 ························· 038
四、公允价值在国民经济核算中的应用意义 ························· 040

第三节　应用债券市场公允价值提高国民经济核算质量的可行性 ·· 041
一、债券公允价值现状 ··· 041
二、中债公允价值指标应用领域及前景 ································ 048

第四节　债券公允价值在国民经济核算中的应用 ············· 050
一、应用领域 ·· 050

二、应用原则 …………………………………………………… 052

三、中债价格指标在国民经济核算中的应用 ………………… 053

第二章 国内生产总值核算：债券收益率曲线在金融中介服务产出（FISIM）核算中的应用 ………………………… 056

第一节 FISIM 核算的基本方法 …………………………… 056

一、研究背景与意义 …………………………………………… 056

二、金融中介服务产出（FISIM）的概念 …………………… 058

三、FISIM 核算范围的确定 …………………………………… 060

四、FISIM 的核算方法 ………………………………………… 061

第二节 FISIM 核算中关于参考利率的研究及国际经验 … 066

一、参考利率选择的基本原则 ………………………………… 066

二、参考利率选择的难点 ……………………………………… 068

三、参考利率选择的国际经验 ………………………………… 072

第三节 债券收益率曲线在我国 FISIM 核算中的应用实例 … 081

一、中国 FISIM 核算现状 ……………………………………… 081

二、参与检测的参考利率与数据来源 ………………………… 082

三、各种参考利率确定方法的比较分析 ……………………… 086

四、不同参考利率对应的 FISIM 产出测算与比较 …………… 090

五、住户部门 FISIM 对 GDP 的贡献 ………………………… 098

六、建议参考利率与官方参考利率的对比 …………………… 102

第四节 本章小结 ……………………………………………… 108

第三章　资产负债核算：债券估值在资产负债核算中的应用 …… 111

第一节　资产负债核算的基本原则 …… 111
一、资产负债核算的背景与意义 …… 111
二、资产负债核算的原则 …… 116

第二节　使用公允价值编制资产负债表的国际经验 …… 120
一、国民经济核算中资产负债核算的基本内容 …… 120
二、国民经济核算关于金融资产估价原则 …… 122
三、国民经济核算关于非金融资产估价原则 …… 133
四、国民经济核算关于金融和非金融资产估价的国际经验 …… 136

第三节　债券估值和收益率曲线在我国资产负债核算中的应用实例 …… 144
一、金融资产负债估价理论的中国实践 …… 144
二、非金融资产公允价值核算的中国实践 …… 150
三、我国分地区和分部门的债券公允价值核算 …… 152

第四节　本章小结 …… 160

第四章　资金流量核算：债券收益率曲线在雇员股票期权公允价值计量中的应用 …… 162

第一节　雇员股票期权公允价值计量的基本方法 …… 162
一、研究背景与意义 …… 162
二、雇员股票期权及其对国民收入分配的影响 …… 167
三、雇员股票期权在国民经济核算中公允价值计量的国际经验 …… 172

第二节　雇员股票期权公允价值计量的国内现状 …………… 185
　一、我国雇员股票期权的核算现状 ………………………… 185
　二、雇员股票期权公允价值的估计 ………………………… 187
　三、两种期权定价模型介绍 ………………………………… 188
　四、估值模型中相关参数的确定 …………………………… 190
第三节　债券收益率曲线在我国雇员股票期权计量中的
　　　　应用实例 ……………………………………………… 194
　一、东方财富 2014 年股权激励计划 ……………………… 194
　二、基于 EGARCH 模型测算期权模型波动率 …………… 195
　三、B-S 模型中相关参数的选取 …………………………… 200
　四、基于 B-S 模型的东方财富雇员股票期权定价测算 …… 201
第四节　本章小结 …………………………………………… 202

第五章　总结与政策建议 …………………………………… 205
　一、主要研究结论与问题 …………………………………… 205
　二、政策建议 ………………………………………………… 208

前 言

作为"国家的会计",国民经济核算以及由此形成的国民账户体系是国家治理体系和能力现代化的统计基础,是监测国民经济运行的重要手段,也是国家宏观调控政策实施与机制建设的决策基础。当前,我国经济正处在从高速增长向高质量发展的转变阶段,国民经济核算的基础作用日益突显,有必要在很多方面对其加以完善。其中,探索债券公允价值在国民经济核算中的应用领域以及应用方法具有重要的现实意义。

现实中无论是流量的 GDP 核算,还是存量的国家资产负债核算,估价问题均为难点,尤其是许多资产和负债在核算期内没有相应的市场交易,目前重估中可能仍采用了历史成本记账与汇总统计。相较"市场估价原则",历史成本方法的会计处理以及由此核算得到的结果具有波动性低、稳定性强等特点,能够避免极端市场环境或情绪造成的大幅调整,但另一方面也造成账上价值严重偏离实际,对风险监测、经济的结构变化反应迟钝,进而提供给宏观政策制定者的信号失真,影响相关决策。此外,国际主流的国民账户核算体系已确立了市场估价的基本原则,包括采用相应的重估方法和公允价值指标,国内如缺少对应的探索和衔接,尤其是缺少基于公允价值估价完善后的国民经济核算的参照基准,可能使得国际横向比较更加困难，影响我国国民经济核算统计的公信力和相关应用研究的可信度。

为更好与国际接轨，国家统计局在充分考虑我国国情的基础上参考联合国等国际组织编写的《国民账户体系（2008）》（SNA2008），于2016年发布了《中国国民账户体系（2016）》（CSNA2016），进一步扩展了公允价值在国民经济核算中的应用，明确表述"市场估价原则"是国民经济核算的基本原则之一，为在国民经济核算引入市场公允价值确立了依据。为推进落实十八届三中全会上提出的"编制全国和地方资产负债表"的国民经济核算改革任务，2017年8月国务院印发《全国和地方资产负债表编制工作方案》，明确全国和地方资产负债表主要按照市场价格计价，对缺乏市场价值资料的资产负债项目进行重估价，为债券估值、债券收益率曲线等公允价值应用于包括债券资产核算在内的众多金融和非金融资产重估价等方面奠定了基础。

除了核算统计制度上的完善，我国债券市场形成的估值和收益率曲线等公允价值已具备应用于国民经济核算的条件。我国债券市场经过三十多年的发展，基于市场价格以及日趋成熟的估值技术所确立的公允价值指标已受到广泛采信，包括收益率曲线和债券估值，已受到市场各方的广泛认可和应用，成为宏观及监管政策实践、市场机构投资与风险计量等领域的必备工具，这为债券公允价值在国民经济核算领域的应用提供了有利条件。

债券作为支持实体经济发展的资金直接融通重要工具，其公允价值是反映宏观经济动态的一个重要指标，包含大量经济基本面、资金面、政策面、市场交易信息。若要将上述信息及时、准确、客观地反映到国民经济核算中，尤其是债券价格所对应的收益率以及由不同期限收益率形成的收益率曲线不断成为众多金融和非金融资产的重估和定价基础,在此基础上要准确地核算国家资产负债,就依赖于核算操作层面对债券公允价值指标进行科学有效的推广和应用。本书对此进行了系统性的研究,包括从间接测算的金融中介服务产出(以下简称"FISIM")核算、资产负债核算、资金流量核算等三个方面对债券公允价值在国民经济核算中的应用进行了专题研究。

债券公允价值在FISIM核算中的应用主要涉及方法论研究及试算,尤其是对参考利率选取的探索。报告以现有的有关核算理论框架、核算方法为基础,以遗留的问题及其改进方法为核心,从核算范围、生产核算方法、参考利率的确定三个方面,对FISIM核算方法进行了全面探讨,重点运用债券的公允价值来探讨FISIM核算中参考利率的选取,目标是跟进国际上核算的最新进展,分析目前有关核算的缺陷,提出并验证改进的思路。具体地,报告根据SNA2008以及国际经验审视国内FISIM的核算现状,基于数据可得性对选择的参考利率进行FISIM试算比较。核心结论是,考虑期限因素建议采用两种参考利率的标准,即将3个月中债国债收益率为短期参考利率,将10年期中债国债收益率为长期参考利率,对FISIM进行核算并作为国内现有FISIM核算的补充。

国家资产负债核算方面,本书探讨了债券公允价值在金融、非金融资产核算中的应用方法,并对债券资产负债进行了试算。金融资产核算的应用重点是金融资产负债的估价。相较于资产负债核算发展得较为成熟的国家,国内对不同类型的金融资产的重估价领域仍处于探索阶段,估价方法较为笼统。报告认为公允价值可广泛应用于国内股票和其他基金、债务性证券、金融衍生工具等金融资产的估价。非金融资产核算方面,报告研究了非金融资产的核算内容和估价原则,通过对比SNA2008、美国国民收入和生产账户、欧洲共同体国民经济核算体系中各项非金融资产在资产负债表和资金流量表中记录和使用的价格，讨论了债券收益率曲线等公允价值在非金融资产核算中的应用情况，以及其在我国国民经济核算中的应用前景。

资金流量核算方面，本书探讨了中债国债收益率在雇员股票期权估值方面的应用。在分析雇员股票期权公允价值构成的基础上，书中总结了SNA2008、美国、欧盟、日本等国际上关于雇员股票期权的核算方法，探讨了我国雇员股票期权公允价值计量以及其对国民收入分配的影响。研究认为公允价值是雇员股票期权核算的前提，在没有可观测的市场价格情况下，可利用股票期权定价模型进行估算。书中以东方财信2014年股权激励计划为研究对象，挑选与雇员股票期权期限相适应的中债国债收益率曲线作为无风险利率，并以同期限的存款利率作为参照指标，运用 Black-Scholes 期权定价模型，测算了东方财富雇员股票期权的公允价值，研究表明将中债国债收益率应用于雇员股票期权定价具有一定的可行性。

具体结论方面，通过真实数据试算，债券公允价值应用于 FISIM 核算方面得到如下五点结论：第一，存贷款利率虽受实质的浮动限制，但仍包含了信用风险溢价，所以依此计算的单一参考利率较国债无风险利率计算的单一参考利率要大。第二，基于第一点原因，加之"存款总额"持续保持在"贷款总额"的1.3至1.4倍左右，正常情况下随着存贷款利率市场化的不断推进乃至完全放开浮动限制，存贷款参考利率核算的 FISIM 值始终会大于国债无风险参考利率核算的 FISIM 值，意味着现行基于账面的金融行业总产出和增加值可能持续高于基于国债等利率作为参考利率计算的值。第三，相较采用国债等市场化利率的参考利率计算 FISIM 值，现行基于存贷款利率的账面年度FISIM 值要高4万亿以上，平均高10个百分点以上，对应所核算的金融行业增加值可能有近似比例的差异。第四，相较现行基于存贷款利率的账面口径，通过市场化利率的参考利率计算的 FISIM 值更能反映宏观周期与金融中介服务活动的变化。第五,在基于国债等市场化利率的参考利率内部来看,长短期国债利率相结合的两种参考利率计算的 FISIM 值波动相对适中,较好剔除了期限溢价,极端情形下的存款 FISIM 较少出现负值,加之在数据获取和可靠性、计算便捷性等方面的优势,书中推荐将其作为参考利率的选项。需特别指出,FISIM 核算目前在国际上仍存在较大争议,本书试算结论更多为理论意义上的探讨,实际情况仍有待更精确地验证。因数据限制,书中对试算过程做了简化处理,包括存贷款利率和金额在期限上未作严格区分、参考利率在期限上未作更细的划分等。为对理论情形进行大致的对比验证,报告对官方现行基于存贷款利率的账面 FISIM 测算也采用了可比口径和类似的简化处理。严格意义上,FISIM 核算应采用期限近乎匹配的逐笔存贷款数据和对应的参考利率,本报告的试算尝试可为未来有关部门进一步对照和完善 FISIM 核算提供参考。

债券公允价值应用于资产负债核算方面,通过对债券资产负债真实数据的试算,得到如下五点结论:第一,国内市场上同期发行和存续的全部人民币债券的面值从 2008 年的 10 万亿左右上升到 2018 年的近 80 万亿,年复合增长率达 120%。第二,就面值和市值的统计结果差异来看,净价总市值多数时候围绕面值的[-2%,2%]区间波动,个别极端时候,例如 2008 年金融危机前后,债券市值相较面值偏离达 6%,说明在债券市场情绪较为极端时期,债券面值与实际的风险状况相差较大。第三,分部门看,截至 2017 年底金融机构以 40.3 万亿债券持有居首,占全部债券市值的 55.4%;实体部门(含住户、非金融企业、资管产品)持有近 20 万亿,占比 28%;政府及政府支持机构持有 11.3 万亿,占比 15.5%;海外部门持有 1.1 万亿,占比 1%。第四,截至 2017 年底,各部门持有债券的净价市值偏离面值的幅度基本在[-3.8%,-0.6%],其中海外部门的持有偏离最小,为-0.6%;政府及政府支持机构的债券持有偏离最大,为-3.8%;金融企业部门和实体部门的债券持有偏离居中,分别为-2.2%、-2.8%。第五,分地区看,截至2017年底,债券资产及负债主要集中在北京、上海、广东、江苏、浙江、福建等长三角、珠三角地区;以净价市值计债券持有排名前三的省份分别为北京市、上海市、广东省,分别为33.5万亿、18.5万亿、7.1万亿;债券发行排名前三的省份分别为北京市、广东省、江苏省,分别为36.0万亿、3.8万亿、3.5万亿。粗略剔除央票和国债后,北京市的债券持有约为25.8万亿,发行约为8.5万元,更接近其真实债券资产负债情况。

基于以上试算的具体结论,本书认为,一是在目前国内账面存贷款参考利率口径核算FISIM的基础上,可适当考虑引入债券收益率等市场化利率的参考利率口径作为补充,一定程度矫正金融行业增加值被高估的概率,同时能更灵敏地反映宏观周期及金融服务活动的结构变化,书中推荐了长短期国债利率相结合的参考利率口径;二是在国家资产负债核算方面推荐债券公允价值作为重估方法的抓手,更有效地反映资产负债的市场状况,使得国民经济的存量核算结果更好地为风险监测与宏观管理服务。

展望未来,公允价值定将广泛应用于国民经济核算领域。为此,本书建议全面推广金融资产公允价值计量,推广企业外部的独立第三方专业估值,确保第三方估值的客观性,夯实国民经济核算的基础;书中同时建议,企业成立一套用公允价值计量的统计报表作为核算统计的基础,扫除宏观核算在微观数据方面的障碍。

第一章 总 论

第一节 国民经济核算体系的历史沿革与现状

一、国民经济核算体系介绍

(一)国民经济核算的性质和功能

国民经济核算是指按照一套既定的概念方法对一个国民经济总体(通常指一个国家)所进行的系统定量描述。它采用统一的货币计量单位,运用一套互相有机联系在一起的账户和平衡表(引入工商会计的复式记账原理),系统、连续地描述了一个时期国民经济发展的整体状况,所提供的资料构成了宏观经济信息系统的中心内容,为宏观经济管理和分析提供了坚实的数据基础。

国民经济核算的功能就是要对这样一个复杂总体在一段时间内的状况进行系统的核算,通过核算,提供一套系统的数据来显示国民经济运行过程及其成果并以此作为进一步评价和分析的依据,更重要的是用以满足下列方面的广泛需要:

第一：主要的经济流量指标，监测国民经济的运行情况，包括生产、分配、消费、投资、进出口、金融活动等；

第二：其中所包含的平衡关系体现了建立经济模型的基本要素，宏观管理和分析所关注的经济关系基本上都可以在核算中得以体现；

第三：经济核算在宏观和微观层面上支持中长期计划的制订和计划目标的论证，可以为经济决策提供基础和依据；

第四：核算日益国际化的前提下，为进行国际比较提供支持。

管理机制和历史经验都强烈地显示出，国民经济核算是宏观经济管理的基础。可以说，没有国民经济核算，就不可能存在有效的宏观经济管理；同样，没有国民经济核算，经济分析就不能建立在坚实的计量基础之上。

(二)国民经济核算的对象

国民经济核算的对象是一个国家的国民经济总体。在这样一个经济总体里，存在众多的经济单位，发生着不同性质的经济活动，形成多层次的经济关系。国民经济范围的基本定义是：国民经济是由该国经济领土上的常住单位的活动组成的。概括来说，国民经济核算对象的确定包括三个基本要素：一国经济范围；国民经济中的各种经济单位；各经济单位所从事的经济活动。

1.一国的经济领土

一国的经济领土是指由该国政府实行有效经济控制的区域，在这个区域内，该国公民、货物、资本可以自由流动，不受国界限制。但值得注意的是，一国的经济领土并不完全等同于该国的地理疆域。一种显而易见的情况是：一国可能会出于外交、军事等目的在本国地理疆域之外拥有或控制某些地区,如驻外使馆、军事基地,在这些区域内人员和各种活动都是受到保护的,因此应将这些区域附加到该国领土中;而与此同时,在一国的地理领土中也会存在外国政府或国际组织拥有控制的同一性质区域,它们应当从该国地理领土中扣除掉。经济领土上存在着众多经济单位,一国的常住单位的经济活动构成该国的国民经济核算范围。

2.经济领土上的经济单位

经济领土上的经济单位,包括个人或住户、企业、政府行政及事业单位等法律或社会实体。如果一个经济单位在一国经济领土上拥有一定的活动场所(住宅、厂房等),从事一定规模的经济活动并超过一定的时期(一般为一年),则可认为该单位在这个国家具有经济利益中心,是该国的常住单位。一国国民经济由千万个经济单位组成,以国民经济整体为对象的国民经济核算要综合考虑不同的单位群体,即按照一定标准将参与国民经济的各种单位划分成类,按类描述经济活动。通过这些"类",国民经济被区分为不同的部门,进而可以反映国民经济的组成结构,反映不同类别之间的联系。这样的"类"在国民经济核算中一般被称为"部门"。最常用的部门划分方法为机构部门分类和产业分类。

机构单位是指能够独立拥有资产、承担负债、从事经济活动并与其他单位进行经济交易的经济实体,是进行经济决策的基本单位。其突出特征是能够编制出一套包括资产负债表在内的完整账户。

在现行国际国民经济核算标准SNA2008(System of National Account 2008)中,一国国民经济被划分为五个部门:

(1)非金融公司部门:由主要进行非金融活动的常住企业单位组成。其基本特征是以营利为目的进行市场性的经济活动,提供各种货物和非金融性服务,是国民经济中汇集各种生产要素进行生产活动并提供产品的主要部门。

(2)金融公司部门:由主要从事金融活动的常住单位组成。不同之处在于,他们的职能主要是提供金融中介服务,在整个国民经济资金运动过程中起着中转枢纽的作用。

(3)广义政府部门:由所有通过政府程序设立、行使政府职能的行政单位以及由政府资助的其他单位组成。政府部门具有非营利性,主要职能是为社会提供公共服务、在全社会范围内对收入财富进行再分配。

(4)为住户服务的非营利机构部门(NIPSH):由向住户提供非市场性货物和服务的常住非营利机构组成。非营利性使其区别于企业单位、不是按照政治程序设立的使其区别于政府。

(5)住户部门:由所有常住住户组成,还包括住户拥有的、无法归属于企业的个体经营单位。

从生产的角度来观察,各经济单位之间的生产活动存在异质性:以不同技术、不同材料投入生产出不同的产品。以此为标志,就可以把国民经济区分为不同的产业,形成国民经济产业分类,其中每一个产业都是由同一组从事相同或相似活动的经济单位组成的。由联合国制定并推荐各国使用的 ISIC/Rev.4(International Standard Industrial Classification Reversion 4)根据经济活动的主要产品性质结合货物服务的用途以及生产投入、工艺过程和技术,对全部经济活动采用四级分类标准,即小类、中类、大类和门类。其中门类有21个,如表1-1所示:

表1-1 ISIC/Re4 门类

门类	门类名称
A	农业、林业和渔业
B	采矿和采石
C	制造业
D	电、煤气、蒸汽和空调供应
E	供水;污水处理、废物管理和补救活动
F	建筑业
G	批发和零售贸易;机动车辆和摩托车的修理
H	运输和储存
I	食宿服务活动
J	信息和通讯
K	金融和保险活动
L	房地产活动
M	专业和科技活动
N	行政和支助服务活动
O	公共行政和国防;强制性社会保障
P	教育
Q	人体健康和社会工作活动
R	艺术、娱乐和文娱活动
S	其他服务活动
T	家庭作为雇主的活动;家庭自用、未加区分的生产货物及服务活动
U	域外组织和机构的活动

3.各经济单位所从事的经济活动

一国的常住单位的经济活动构成该国的国民经济核算范围。这些活动在不同层面上存在,出于不同目的组合起来呈现出纷繁复杂的画面。经济学将其归纳为由不同单位在持有一定资产的前提下完成的四类活动,这四类活动代表整个国民经济运行过程的四个阶段,他们周而复始形成国民经济的循环过程。

(1)生产

生产是国民经济运行的首要环节。通过各种生产要素的组合利用，生产过程将各种投入转化为具有使用价值的产出、提供各类可供消费使用的货物和服务，同时也创造新的价值。

(2)分配

分配是要将生产过程所创造的价值以各种收入形式分配给有关参与者，分配可能是交换性的即以生产要素的投入为前提，也可能是以社会公平为目的的非交换性分配。

(3)消费

消费与积累是货物与服务的不同使用形式，也是各单位收入的最终支出形式。消费是用于满足人们生活需要。

(4)积累

积累则是用于增加资产的使用，通过积累各单位所持有的资产得以增加，于是下一轮生产活动将在一个扩大的规模上进行，新一轮经济运行得以重新开始。

在此基本归纳的前提下，为了实现具体核算还需要对经济活动进行细分。交易的概念是指两个机构单位之间按照相互协议而进行的活动。交易一般分为三类：

最典型的交易是在交换形式下进行的，即一个机构单位以某项资源换取对方的另一种资源，比如以现金换取原材料，以劳动换取工资报酬；

一种特例是没有对等资源的交易，即甲向乙提供某种资源，而并没有发生由乙向甲提供的对应资源；另一种特例是各单位内部发生的自产自用性质的经济活动,如农民自产自食的粮食。

对于基于分工和市场的经济而言,经济活动大多以交易的形式发生,国民经济核算要对国民经济过程加以记录核算,实际上就是对不同单位之间的经济交易进行核算。

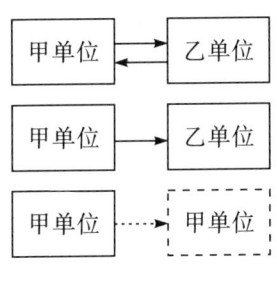

图1-1 交易的不同形式

(三)国民经济核算的基础

国民经济核算及其理论方法需要依托一定的基础,包括理论基础、方法基础以及实现存在基础。说明这些基础也就是说明了国民经济核算与各个相关学科领域之间的关系。

国民经济核算的理论基础是经济学,尤其是宏观经济学。从上文的国民经济核算对象也可以看出,导致国民经济核算体系产生的一个重要因素就是宏观经济理论中关于总供给与总需求之间的基本平衡关系,国内生产总值、国民收入等常用经济总量概念就是为了服务于宏观经济管理和经济分析,国民经济核算在框架设计、概念定义、原则确定等方面必然要以经济理论和经济原则为依据。

国民经济的方法基础是工商会计的复式记账原理以及统计学基础知识。为体现经济交易的特征,采用复式记账原理,同一笔交易在不同方面被记录两次,由此将不同核算内容连接在一起进而使整个核算成为互相联系的整体。另外,作为国家层面的宏观核算,企业微观会计核算资料是国民经济核算的数据基础。

统计学也为国民经济核算提供了方法基础。一方面数据获取上需要运用调查方法知识,另一方面宏观经济数据分析方法也依赖于统计学知识。

国民经济核算的现实基础是纷繁复杂的经济生活。现实经济生活的管理需求是进行国民经济核算的原动力。

(四)国民经济核算的方法和基本规则

国民经济核算是一个内容丰富结构严谨的数据体系,这要求在核算时必须遵从统一的核算规则。先对部分重要原则列举阐述,不做详细展开讲解。

记录方法:四式记账。国民经济核算把交易双方都纳入核算框架之内,对于每一笔交易都要由交易双方各自进行复式记账,这样一项经济交易就被两个部门记录四次。

数据系统归集方法:账户和平衡表。国民经济核算引入账户和平衡表不是为了数据过录,而是作为使整个数据体系得到系统归集表述的工具,确切地说是一个账户、平衡表体系。

记录时间约定:权责发生制。在记录时间上国民经济核算与工商会计相同,采用权责发生制,强调在交易发生之时进行记录而不是支付价款时。

估价方法的选择:对于当期发生的实际交换活动,按照其市场价格进行记录;存在活跃市场的资产负债用市场成交价进行估算,不存在活跃市场的资产负债用成本法或选择合适的估价方法进行估算。

(五)国民经济核算体系的组成

国民经济核算从经济运行的宏观视角来看,可以分为流量核算和存量核算。

经济流量核算反映了一段时间内的各种经济活动发生规模总量,内在地体现着经济价值的产生、转换、交换、转移和消失的过程;

经济存量核算用于反映某一特定时点的经济资源拥有量,代表一种价值储备,表现为资产和负债持有量的核算。

以这两大类核算为起点,其中又包含了具体领域和专题的核算。自SNA1993,国际标准的国民经济核算开始推行"中心账户体系+其他核算表"的核算体系,并沿用至今。

中心账户体系包括三类账户:一是经常账户,对国民生产、收入分配和消费过程的核算;二是积累账户,对会改变经济存量的活动进行核算,主要是投资和金融交易;三是资产负债账户,对一国资产负债存量的核算。

中心框架外,还包括集中反映对外关系的国外账户、反映产业间关系的投入产出表、为某些专项核算设立的卫星账户(如旅游卫星账户)及其他附属核算内容等。

二、国民经济核算体系的国际经验

(一)欧盟

欧盟是国民经济核算领域的先驱国(地区)之一。在国民经济核算领域有着丰富的理论与实践经验。在国民经济核算的国际标准文件

SNA1993（System of National Account 1993）的基础上演变而来的。ESA1995（European System of Account 1995）是欧盟及其成员国的经济统计、社会统计经典参考手册。现行的ESA2010是在ESA1995的基础上发展而来的。由于我国的国民经济核算发展较晚，现阶段ESA1995仍为最值得我国借鉴的国民经济核算参考手册。

ESA1995的基本核算原则、方法与SNA1993相同，且ESA沿用了SNA中有关于社会统计和经济统计的相关概念和分类方法，例如：就业统计、生产核算、外贸统计等。但ESA1995同时也考虑到了欧盟区的特定经济形势与欧盟区的核算数据需求，针对具体核算内容进行了相应调整。可以认为ESA1995是欧盟国民经济核算的核心，下面针对ESA1995的主要框架进行介绍。

ESA1995的性质和功能

作为欧盟国民经济核算的中心指导手册，ESA1995核算框架的功能与性质可概括为如下几方面：第一，通过核算指标对经济总体结构进行描述，如：产业增加值、区域经济增加值、就业、最终消费支出、固定资产形成、金融资产存量流量等；第二，特定经济领域核算，如：金融统计、政府收支核算等；第三，描述、分析经济发展情况，如：GDP增长分析、通货膨胀分析、居民消费季节模式分析等；第四，进行不同经济体之间的对比，如：各欧盟成员国之间的经济往来、各欧盟成员国的政府职能比较、分析欧盟的出口货物、服务的结构以及相对应的目的地等；第五，指导并监督欧盟货币委员会制定货币政策；欧洲货币联盟的宏观货币政策很大程度上是根据国民账户指标数字，如政府赤字、政府债务和国内生产总值等确定的，并根据国民经济指标的变动而更改；第六，指导欧盟委员会对其成员国进行货币资金支持:欧盟结构基金的支出决策制定依赖于欧盟区域内各成员国的国民经济核算数据,欧盟相关机构会根据各成员国的国民经济核算数据表现,决定是否需要对某国采取某种货币资金支持;第七,确定欧盟的自有资源总量:资源总量可以概括为各成员国的国民生产总值(GNP)的加权平均和。

ESA1995 的核算对象

ESA1995 的核算对象在概念上与 SNA 保持一致,将国民经济划分为:非金融公司、金融公司、广义政府、住户、为住户服务的非营利机构五个部门,各个部门的常住单位发生的各类经济活动构成国民经济总体,即国民经济核算的对象。各单位进行经济活动带来了经济流量,各项经济活动的最终结果造成了经济存量。而流量核算就是对核算期这一段时间内发生的经济活动用货币数量加以反映,存量核算就是对核算时点的资产负债拥有量进行货币数量反映。

经济流量(Flows)。流量反映了经济价值的创造、交换,转移和消失的过程。表现为机构单位资产或负债价值变化。经济流量分为两种:交易(Transactions)和资产的其他变化(Other Changes in Assets)。当流量产生时,交易可能被记录在除资产物量其他变化账户和重估价账户以外的所有其他账户中;而资产的其他变化则恰恰被记录在上述两个账户之中。

交易(Transactions)指两个机构单位通过协议发生的某种交换。交易可分为四类:①实物产品交易,包括产品的使用(中间消耗、最终消费、资本形成、出口)和来源(国内生产、国外进口);②分配交易,指由生产得到的经济增加值是如何在劳动力、资本和政府之间进行初次分配的,以及收入和财富的再分配(通过收入税、财产税或转移支付实现);③金融交易,指金融资产的净获得或是金融工具净负债的发生额。这类金融交易通常与非金融交易相伴发生；④以上三种之外的交易，一般指固定资本消耗、非金融非生产资产的处置净获得等。

资产的其他变化(Other Changes in Assets)指的是由非交易因素引起的资产物量变化，一般可以分为四类：①资产的正常损耗；②突发事件引起的资产物量变化(如自然灾害是资产减少)；③分类标准的更改；④持有损益。

经济存量(Stocks)。存量反映了某一时点上(一般是期初和期末)拥有的资产和负债。国家资产负债表可以清晰地体现出核算时点该国的经济存量。几乎所有资产的存量(包括金融资产、非金融生产资产、非金融非生产资产)都会被记录。但值得注意的是，对于不参与经济活动，或者不存在所有权的资产(如人力资源和自然资源)是不在资产负债表中加以记录的。

经过这样的详细分类，流量和存量就涵盖了某一特定经济体系(国)内的所有经济活动，这意味着经济活动引起的所有存量变化都可以通过流量记录加以解释。该经济体系(国)内的所有机构单位进行的经济活动就是ESA1995进行核算的对象。

ESA1995的基本核算方法与原则

四式记账(Quadruple Entry)。同SNA2008中的基本记账原则相同，ESA1995在记录方法上也遵循四式记账原则。在实际操作中，大多数交易都涉及两个机构单位，这种类型的每笔交易必须由所涉及的双方记录两次。例如，政府支付给住户现金社会福利这一项交易，对于政府部门，要在收入二次分配账户的使用方记录为其他经常性转移，在金融账户的资产变化方记录为通货和存款净减少。对于住户部门,要在收入二次分配账户的来源方记录为其他经常性转移,在金融账户的资产变化方记录为通货和存款净增加。

估价(Valuation)。ESA1995 以货币形式反映所有的经济交易流量和存量。ESA1995 不通过效用大小来确定经济流量和存量的货币价值大小,而是以它们的交换价值来确定货币价值,即有关经济流量和存量实际上(或可能)被兑换为现金的价值。因此,市场价格是 ESA 进行估价的基本原则。ESA1995 中具体估价原则如图 1-2 所示:

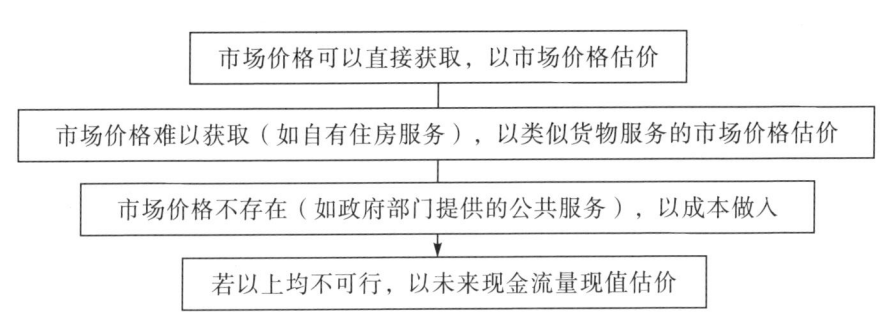

图 1-2 ESA1995 的估价原则

记录时间(Time of Recording)。同 SNA 一样,在交易记录时间上 ESA1995 遵循着权责发生制。而且由于欧盟成员国众多,ESA1995 格外强调对于任何一笔经济流量,参与其中的所有单位应当在同一时间在相应账户中进行记录。但这一点在实践中存在一定困难,因为各成员国在具体核算细则上存在差异,即使核算规则统一在实际操作中也可能因沟通延迟等原因产生不尽相同的记录值。因此,某些交易可能会被不同参与方难以避免地在不同时点记录下来,由此产生的差异必须由后期调整来消除。

合并和取净值(Consolidation and Netting)。合并(Consolidation)是为

集中反映一个部门与其他部门之间的经济关系,有时需要对发生在同一部门的不同机构单位之间的同类交易或是借贷关系进行合并。比如,为反映金融公司部门与其他部门之间的金融交易,ESA1995指出需要将不同金融机构单位(如商业银行与中央银行)之间的借贷关系相互抵消,仿佛他们没有发生过。

取净值(Netting)指某部门在某些经济活动上可能同时存在两种对应的流量,对于这些流量需要将"出""入"相抵,以净额记录。比如,银行机构单位既有存款存入又有存款兑付,既有贷款发放又有贷款偿还,对于这两种经济活动,ESA1995将存入兑付相抵、发放偿还相抵,以其差额记录为:存款净吸纳、贷款净发放。

ESA1995的核算体系基本构成

机构部门账户(The Sector Accounts)。纵向上,ESA1995根据国民经济运行的全过程。系统地划分出生产账户、收入形成账户、收入分配账户、收入再分配账户、收入使用账户、积累账户(包括金融账户和非金融)。另外还设置资产负债表以反映期初期末的资产负债持有情况。这种有序排列的账户覆盖了国民经济运行的全过程。横向上,出于国民经济活动总量的可加性,ESA1995规定每个部门(金融公司、非金融公司、政府、住户、为住户服务的非营利机构)都按照上述经济运行过程设置相应账户。

投入产出框架(Input-Output Framework)和行业分类账户(Accounts By Industry)。投入产出框架和行业账户更详细地描述了生产这一过程(成本结构,收入创造和就业)以及各类商品和服务参与的经济流量(生产、进口、出口、最终消费、中间消耗和资本形成)。

（二）美国

国民经济核算在美国具有悠久的传统,可以说是参与国民经济核算早期创建的少数几个国家之一,S.库兹涅茨、W.里昂惕夫、R.Eisner、Z.Griliches 以及 J.Kendrick 等美国经济统计学家都对国民经济核算的创建和发展做出了直接的重要贡献。而时至今日,美国在国民经济核算的估算、应用和方法研究等许多方面仍然保持着国际领先地位,因此美国国民经济核算体系是国际经验中的首选参照国家之一。

美国所应用的核算体系与 SNA 在功能和性质上是一致的,而且基本方法是统一的,基本概念的定义也是统一的,但在具体内容构造、分类和概念定义上又存在一定区别。总体来看,美国国民经济核算主要包括以下几个部分:国民收入与生产核算、投入产出核算、对外经济核算、资金流量核算以及资产负债核算。在这几部分中,国民收入与生产账户体系(NIPA'S)是最重要、最核心的部分,它包含了几乎所有国民经济基本总量,如国内生产总值(GDP)、国民生产总值(GNP)、国民收入(NI)、个人收入(PI)、个人可支配收入(PDI)、个人消费支出、国内私人总投资、政府消费和投资支出以及货物和服务的进出口等,这些组成部分都是由 NIPA'S 体系提供的。而且和其他数据比较,这些数据拥有完备的估算基础,定期公布,不仅包括年度数据还包括季度、甚至月度数据,在经济生活中拥有广泛的影响。

实际上,美国国民经济核算体系与 SNA 的不同之处主要就体现在 NIPA'S 与 SNA 框架之间的差别。鉴于此,本部分主要针对 NIPA'S 进行介绍。

NIPA'S 中的账户

国民收入与生产账户。国民收入与生产账户(NIPS)居于 NIPA'S 体系中的中心位置:一方面,该账户反映了国民经济全过程:生产、收入、支出、储蓄、投资全过程,体系内的其他账户都是在此账户的基础上进一步展开的;另一方面,从账户所涉及的层次来看,NIPA 是对一国经济状况的综合描述,反映一国生产成果的分配与使用,而个人、政府收支账户仅限于部门,是在总体前提下进行的具体描述。

表 1-2 国民收入与生产账户(NIPA)

行	项目	行	项目
1	雇员报酬	36	个人消费支出
2	应付工资与薪酬	37	耐用品
3	实付工资	38	非耐用品
4	应付工资—实付工资	39	服务
5	附加工资与薪金	40	国内私人总投资
6	雇主对社会保险的缴纳	41	固定资产投资
7	其他劳动收入	42	非居住用
8	经存货估价和资本消耗调整的业主收入	43	构筑物
9	经资本消耗调整的个人租金收入	44	生产者耐用设备
10	经存货估价和资本消耗调整的公司利润	45	居住用
11	经存货估价调整的公司利润	46	企业存货变动
12	税前利润	47	货物与服务净出口
13	利润税	48	进口
14	税后利润	49	出口
15	红利	50	政府消费和总投资
16	未分配利润	51	联邦政府

(续表)

行	项目	行	项目
17	存货估价调整	52	国防
18	资本消耗调整	53	非防务
19	净利息	54	州和地方政府
20	国民收入		
21	企业转移支付		
22	对个人		
23	对国外		
24	间接税和非税负担		
25	减:补贴减政府企业经常盈余		
26	固定资本消耗		
27	私人		
28	政府		
29	一般政府		
30	政府企业		
31	国民总收入		
32	减:来自国外要素收入		
33	加:付给国外要素总收入		
34	国内总收入		
35	统计误差		
	国内生产总值		国内生产总值

个人收入与支出账户。此账户以个人(包括为住户服务的非营利机构)为主体记录其经常收支。账户右方反映个人收入的形成过程,左方反映这些个人收入的使用去向。

表 1-3　个人收入与支出账户

行	项目	行	项目
1	个人税和非税支出	7	应付工资与薪金
2	个人支出	8	其他劳动收入
3	个人消费支出	9	经存货估价和资本消耗调整的业主收入
4	个人利息支出	10	经资本消耗调整的个人租金收入
5	个人对国外的净转移	11	个人红利收入
6	个人储蓄	12	红利
		13	减:政府收到的红利
		14	个人利息收入
		15	净利息
		16	政府支出的净利息
		17	个人支付的净利息
		18	对个人的转移支付
		19	来自企业
		20	来自政府
		21	减:个人对社会保障缴款
	个人税、支出和储蓄		个人收入

政府收入与支出账户。此账户是对政府当期经常收支的归纳记录,不包含投资支出。政府的收入记录在账户右方,账户左方记录政府的经常性支出。

表1-4 政府收入与支出账户

行	项目	行	项目
1	消费支出	12	个人税和非税支付
2	转移支出	13	公司利润税
3	对个人	14	间接税和非税负担
4	对国外(净值)	15	对社会保险缴款
5	净利息支付	16	雇主
6	减:政府收到的红利	17	个人
7	补贴减政府企业经常盈余		
8	减:应付工资减实付工资		
9	经常盈余(+)或赤字(-)		
10	联邦政府		
11	州和地方政府		
	政府经常支出和盈余		政府收入

国外账户。此账户专门记录美国与世界其他国家之间的经常性收支。账户右方是美国对国外的支付(即国外自美国获得的收入),左方是美国得自国外的收入(即国外对美国的支付)。

表1-5 国外账户

行	项目	行	项目
1	货物与服务出口	4	货物与服务进口
2	要素收入	5	要素收入支付
3	收到的资本转移	6	对国外的转移(净)
		7	来自个人
		8	来自政府
		9	来自企业
		10	国外净投资
	来自国外的收入		对国外的支付

储蓄投资账户。此账户是对当期美国投资和储蓄情况的反映。一方面反映投资：国内私人与政府投资和对国外投资；另一方面反映投资资金的筹集。

表1-6 总储蓄投资账户

行	项目	行	项目
1	国内私人总投资	4	个人储蓄
2	政府总投资	5	应付工资减实付工资（私人）
3	国外净投资	6	经存货估价和资本消耗调整的公司未分配利润
		7	固定资本消耗
		8	私人
		9	政府
		10	一般政府
		11	政府企业
		12	政府经常盈余或赤字
		13	收到的资本转移（净值）
		14	统计误差
	总投资		总储蓄和统计误差

通过上述5个账户可以发现，NIPA'S的各项核算内容是通过众多具体项目按照一定规律加减来实现的。每一个项目都构成了一个总量或总量中的分量。这些总量并不是简单地按照形成的顺序体现的。从NIPA可以看到，总量的推导过程是"国民收入—国民总收入—国内总收入—国内生产总值"，所体现的思路是先"收入"后"生产"、先"国民"后"国内"。这样的思路特别反映了美国国民经济核算的传统和特点。

但是纵观NIPA也应该看到，这样测度的生产总量只体现了收入法和支出法核算，却没有体现生产法核算。这样就导致可以从该账户得知生产中所产生的价值如何形成不同方面的收入、所形成的最终产品如何为不同方面所购买,但无法知晓这些价值、这些产品是如何生产出来的。在美国,有关生产过程的核算是由投入产出核算来反映的。由此,也可以了解 NIPA 与投入产出核算的关系。

NIPA'S 的主要分类和核算原则

对美国经济总体的定义:同 SNA、ESA 一样,NIPA'S 的核算对象也是美国的国民经济总体。NIPA'S 按照国际惯例,以常住性为基础的国土概念来定义美国经济总体的边界,把在美国国土上的常住单位视为美国的居民。在此基础上来核算美国在一时期的生产总量。

关于核算原则的定义:

在估价原则上,NIPA'S 强调现期市场价格原则。为此,在计算有关总量时,对实现所搜集的按历史成本原则测度的数据要进行估价调整,比如设置存货估价调整、资本消耗调整项目对公司利润加以调整,所计入的业主收入、个人租金收入也都要按此调整,调整的中心就是要把按历史成本估价资产、利润转化为体现现期价格基础的数据资料。

在记录交易的时间原则上,它基本体现了权责发生制原则,比如加总到国民收入中的是应付工资而不是实付工资。

关于分类的定义:

产品类别。NIPA'S 在其生产测度中将产品划分为三个类别:①货物(耐用和非耐用),可以贮存由此形成存货的产品;②服务,不可贮存只能在购买时点即时消费的产品;③构筑物,通常需要在使用地点建造并有较长经济寿命的产品。

部门类别。NIPA'S 将所有经济单位区分为三个部门:①企业:生产货物与服务并按照至少近似于其成本的价格出售的所有实体;②个人和机构:由住户(家庭和个人组成)和为个人服务的非营利机构组成;③一般政府:由所有联邦政府、州和地方政府组成。

产业部门。NIPA'S 应用了以国际标准产业分类为基础的产业划分,但仅限于私人部门,政府部门的活动则被合并为一个单独的类别,有时按照联邦政府、州和地方政府、政府企业分别列示。

三、中国国民经济核算现状

(一)中国国民经济核算的历史沿革

中国相较于欧盟和美国,在国民经济核算领域的起步较晚。目前我国的国民经济核算标准参考手册是国家统计局于 2017 年 7 月正式对外公布的《中国国民经济核算体系 2016》(CSNA2016)。CSNA2016 的编撰,一方面吸取国外经验和我国多年实践经验,另一方面考虑到我国"新常态"的发展现状,在过去核算手册的基础上增加了新经济核算。本报告将结合国际上 SNA 体系的发展、我国 CSNA 的改革对中国国民经济核算的历史沿革进行简单介绍。

1.国民经济核算发展的几个时期

(1)初创时期——MPS 的建立与发展

在我国国民经济恢复的初期,有关部门针对国家物资以及政府财政收支等的核算进行初步探索,1951 年,分别建立了农产品平衡表、工业生产资料和消费品平衡表,并逐步进行补充完善。1952 年,中华人民共和国政府统计机构刚刚成立就开始在全国范围内进行工农业总产值和劳动就业调查,并进一步扩大到工业、农业、建筑业、交通运输业和商业五大物质生产部门总产值核算,从 1954 年开始,国家统计局在学习苏联国民收入统计理论和方法的基础上开展了国民收入的生产、分配、消费和积累核算,提供了一系列国民经济总量指标以及国民收入积累率等重大关系资料,为研究我国国民经济发展内部结构、发展规律,制定国民经济发展计划提供了重要依据。

1956 年,在对苏联国民经济核算体系进行进一步的深入研究中,我国开始采用物质产品平衡表体系(The Material Product System,缩写 MPS),中国 MPS 体系的国民收入核算包括生产核算和使用核算。

国民收入生产核算包括现价核算和不变价核算。其中,国民收入现价生产额=农业净产值+工业净产值+建筑业净产值+运输邮电业净产值+商业饮食业净产值;净产值就是从总产值中扣除物质消耗,净产值有两种基本计算方法,生产法和收入法;生产法净产值=总产值-物质消耗,收入法净产值=工资+职工福利基金+利润+税金+利息+其他。而国民收入不变价生产核算就是计算农业、工业、建筑业、运输邮电业和商业饮食业不变价净产值。

国民收入使用核算也包括现价核算和不变价核算。其中,国民收入现价使用额=消费总额+积累总额=居民消费+社会消费+固定资产积累+流动资产积累,这里的国民收入现价使用核算不包括物质产品和物质性服务净出口。不变价居民消费按农业居民消费和非农业居民消费分别计算,不变价固定资产积累按照其构成项目分别计算。

由于当时社会条件有限,我国当时的 MPS 并不完善,这一阶段我国的国民经济核算体系是不系统、不全面的,在我国经济体制不断变化的情况下,MPS 体系存在的缺陷也日益突出,主要表现为:第一,能够反映物质生产,不能反映非物质生产部门的生产情况,不利于全面掌握当时的经济结构;第二,主要集中于反映实物流量,无法捕捉经济运行过程的资金流动情况,无法为国家财政政策、货币政策的制定和施行提供基础资料;第三,以生产核算为主,分配、消费、积累等方面的核算占比过低,无法全面均衡地反映经济社会各个运作过程;第四,核算方法较为单调,各核算资料之间缺乏连贯性,准确度有待提高。

(2) MPS 体系向 SNA 体系的转换

我国从1984年起,开始加大对建立新国民经济核算体系的投资力度,国家统计局于1985年第一次统计核算国民经济账户体系(The System of National Accounts,缩写 SNA)中的综合性指标国民生产总值(GNP)。

第一个正式版本的 SNA 形成于1953年,之后经历了若干次改进和修订。其中比较重大的修订有三次,分别形成了1968年 SNA、1993年 SNA 和2008年 SNA。通过研究1968年 SNA 和1993年 SNA 的修订草案,1992年我国设计出了《中国国民经济核算体系(试行方案)》,从1993年起,我国政府统计部门根据1993年 SNA 的标准,对1992年《中国国民经济核算体系(试行方案)》进行重大修改,于2002年制定了《中国国民经济核算体系(2002)》(CSNA2002)。

(3) CSNA2002 向 CSNA2016 体系的转换

2003年,开始对 SNA1993 提出修订,并最终形成 SNA2008,在此期间,国内学者和有关机构进行了及时的跟踪和研究。相比于 SNA1993,SNA 将研究与开发(R&D)被视为生产活动并计算产出、改进了金融中介服务的间接测算方法(FISIM)、引入了雇员股票期权核算、对金融资产/负债分类进行了修订、对非金融资产分类进行了修订。

CSNA2002 是中国第一个官方正式的国民经济核算体系,该体系以 1993 年 SNA 为基础,同时根据中国实际情况在某些方面做了灵活处理。但是目前,大部分国家和地区已经执行 2008 年 SNA。国家统计局以习近平新时代中国特色社会主义思想为指导,按照党的十八届三中全会关于加快建立国家统一的经济核算制度的要求,遵循新发展理念,对 CSNA2002 的基本框架、基本概念和核算范围、基本分类、基本核算指标以及基本核算方法等方面进行了系统修订。《中国国民经济核算体系 2016》(CSNA2016),相较于 CSNA2002,表现出以下方面的优势:

第一,完善 GDP 核算方法,推进创新发展,将 R&D 支出由原来作为中间消耗不计入 GDP 修改为作为固定资本形成计入 GDP。

第二,建立地区生产总值统一核算制度,增强协调发展,党的十八届三中全会提出要加快建立国家统一的经济核算制度,中央深改组第三十六次会议审议通过《地区生产总值统一核算改革方案》。2019 年将在全国实施。

第三,健全资源环境核算,支撑绿色发展,为了践行新发展理念,支撑绿色发展,我国借鉴联合国《环境经济核算体系》(SEEA)的框架与方法,将资源环境纳入国民经济核算体系,建立了资源环境核算,核算自然资源资产负债。

第四,编制国家资产负债表,防范经济金融风险。防范经济金融风险,保障国民经济安全,需要全面掌握国家财富和负债状况,弄清国家"家底"。国家资产负债表综合反映国家资产总量、资产结构、负债总量、负债结构以及资产与负债的关系,同时分别反映国内主要经济主体的资产与负债状况。通过资产负债表中负债项目,可以分析和判断国家经济总体和不同经济主体的债务风险情况,对防范债务风险具有极其重要参考价值。

(二)CSNA2016 中的核算要点介绍

基本核算框架

中国国民经济核算体系主要由基本核算和扩展核算组成。基本核算是本体系的核心内容,旨在对国民经济运行过程进行系统描述;扩展核算是对核心内容的补充与扩展,重点对国民经济中的某些特殊领域的活动进行描述。基本核算包括国内生产总值核算、投入产出核算、资金流量核算、资产负债核算、国际收支核算;扩展核算包括资源环境核算、人口和劳动力核算、卫生核算、旅游核算、新兴经济核算。

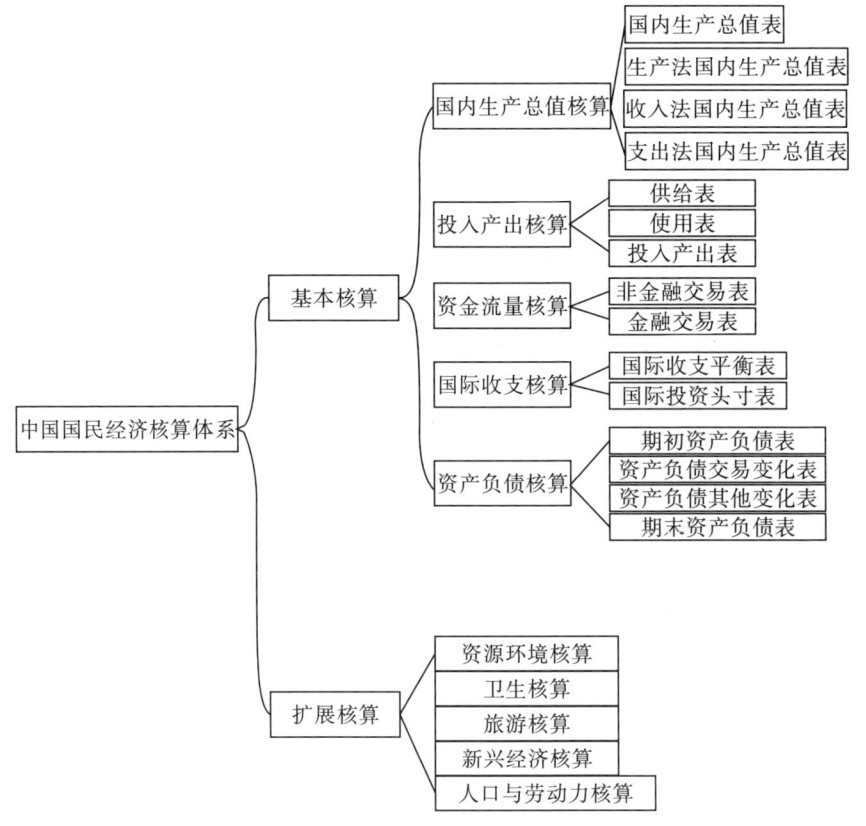

图 1-3　CSNA2016 **基本核算框架**

基本核算系统地描述我国国民经济运行全过程。其中的每一部分从某些环节或某些侧面描述经济运行过程。①国内生产总值核算描述生产活动最终成果的形成和使用过程，是国民经济核算体系的核心内容。②投入产出核算是国内生产总值核算的整合和扩展，描述国民经济各部门在一定时期内生产活动的投入来源和产出使用去向，揭示国民经济各部门间相互联系、相互依存的数量关系。③资金流量核算是国内生产总值核算的延伸，以收入分配和资金运动为核算对象，描述一定时期各机构部门收入的分配和使用，资金的筹集和运用情况。④资产负债核算描述特定时点的资产负债存量和结构情况，以及资产负债从期初到期末之间发生的变化。⑤国际收支核算全面描述我国常住单位与非常住单位之间的经济往来关系，一方面反映一定时期内发生的对外经济收支往来，另一方面反映对外资产负债存量及其变动状况。⑥扩展核算是在国民经济核算基本概念和基本分类的基础上，通过对某些基本概念的扩展和某些基本分类的重新组合，以及改变处理方法等，对国民经济中某些领域的活动或与国民经济有密切关系的领域进行详细的描述，以满足特定类型分析和专门领域管理的需要。扩展核算体现了国民经济核算体系的开放性和灵活性。接下来对我国国民经济核算中涉及的重要分类标准与核算原则进行简要介绍。

在分类标准中，主要有三个重要分类标准需要进行说明。

第一个是机构单位和机构部门分类。机构单位指能够以自己的名义拥有资产和承担负债，能够独立地从事经济活动并与其他主体进行交易的经济主体。机构单位具有以下特点：①独立拥有货物和资产，能够与其他机构单位交换货物或资产的所有权；②能够直接做出经济决定，从事经济活动,并能以自己的名义承担法律责任;③能够以自己的名义签订合同,承担负债、其他义务或未来的承诺;④能够编制包括资产负债表在内的在经济和法律上有意义的完整的会计报表。我国常住机构单位被划分为五个机构部门,即非金融企业部门、金融机构部门、广义政府部门、为住户服务的非营利机构部门和住户部门。

第二个是产业活动单位和产业部门分类。产业活动单位指在一个地点从事一种或主要从事一种类型的生产活动,并具有收入和支出会计核算资料的生产单位。产业活动单位是为生产核算设立的,其目的在于比较准确地反映各种类型产业活动的生产规模、结构等。我国产业部门分类是按照主产品同质性原则对产业活动单位进行的部门分类。中国国民经济核算体系根据国民经济行业分类标准和统计基础情况确定具体的产业部门分类。

第三个是产品及产品分类。产品即货物和服务,是生产活动的成果。产品可以作为其他货物和服务生产的投入,也可以作为最终消费品或投资品。产品从理论上又可分为市场货物和服务、为自身最终使用的货物和服务以及非市场货物和服务。我国产品分类是按照同质性原则对货物和服务进行的细分。中国国民经济核算体系根据《统计用产品分类目录》和统计基础情况确定具体的产品分类。

在核算原则中,主要有三个核心核算原则需要进行说明。

第一个是权责发生制原则。各种交易的记录时间按照权责发生制原则确定,即交易在经济价值被创造、转移、交换或取消时记录。这一原则适用于各种交易,包括同一机构部门的内部交易。权责发生制原则意味着交易在其实际发生时记录,无论相应的货币收支是否与交易同时发生。

第二个是市场估价原则。记录各种交易和资产负债总量时,以核算期市场价格作为基本估价原则。对于在市场上发生的货币支付交易,按市场价格估价;对于没有发生货币支付的交易,免费或以不具有显著经济意义的价格提供的货物和服务,按市场上相同或相近的货物或服务的市场价格估价,或按所发生的实际成本估价。

第三个是四式记账原则。四式记账原则源自会计中的复式记账原则。复式记账原则指每笔交易同时在至少两个对应的项目中记录。将交易双方各自的复式记账合起来,就是四式记账。

(三)中国国民经济核算面临的问题

1.对于采用公允价值计量的对象和方法未做明确规定

SNA2008中有多处涉及"公允价值"的定义,在SNA2008第3章《存量、流量和核算规则》有关于金融资产和负债头寸估价规则中,提到了国民经济核算领域内的"公允价值"的笼统概念:"市场价值、公允价值和名义价值不同于摊销价值、面值、账面价值和历史成本等概念。公允价值是相当市场价值。它被定义为知情且有意愿的当事方在平等交易中交换资产或清偿负债的金额。因此,它代表了对债权人出售债权所能获得金额的估计"(SNA2008-3.157.a)。

另外,SNA2008中对于间接测算的金融中介服务、雇员股票期权、债券等金融资产、固定资产等非金融资产也明确提出采用公允价值计量,而我国国民经济核算体系并未明确说明公允价值是否可以在这些领域使用,在具体使用对象中应该如何进行公允价值测算进行明确规定。

2.对一些统计指标的口径范围和价值核算方法还未做明确规定

例如,为了反映越来越多的企业通过雇员股票期权的方式激励员工,提高企业员工的积极性和创造性,提高企业的管理水平和技术创新水平,提高企业的竞争能力的情况,根据2008年SNA的建议,引入雇员股票期权概念,将其计入劳动者报酬实施新标准需要对雇员股票期权的核算方法,但是对于CSNA2016引入的雇员股票期权概念,我国对其价值的估计方法还未做具体研究和确定,如果以SNA2008为标准,需要计算雇员股票期权的公允价值。

又如,金融中介服务产出核算方法的修订就是采用2008年SNA推荐的参考利率法计算金融中介服务产出,替代原来利用银行业利息收入减去利息支出,扣除银行业利用自有资金获得的利息收入的方法;中央银行服务产出核算方法的修订就是按照2008年SNA推荐的方法,把中央银行提供的服务区分为市场服务和非市场服务,然后按照市场服务产出和非市场服务产出的核算方法分别核算中央银行提供的相应服务的产出。而对于如何准确估计金融中介服务产出的价值国内的意见并未统一,如何确定金融中介服务产出的公允价值还有待进一步研究。

3.对某些基本核算范围不够明确

例如,按照2008年SNA的建议,中国国民经济核算新标准引入了知识产权产品概念,并将它的全部类别,包括研究与开发、矿藏勘探与评估、计算机软件和数据库、娱乐文学艺术品原件、其他知识产权产品都纳入固定资产范围,但是目前中国国民经济核算实践关于知识产权产品的核算范围只包括研究与开发、矿藏勘探与评估、计算机软件,还没有包括数据库、娱乐文学艺术品原件、其他知识产权产品。实施新标准需要对这些类型知识产权产品的范围进行具体研究和界定,以便于实际操作。

又如,按照2008年SNA的建议,中国国民经济核算新标准将贵重物品纳入非金融生产资产范围,实施新标准需要对贵重物品的范围进行具体研究和界定,以便于实际操作。

第二节 应用公允价值改进国民经济核算的必要性和紧迫性

过去资产负债核算采用的历史成本计量原则,既不满足SNA2008中使用的"机会成本"概念,也不能体现SNA中强调的"市场性"原则。所以依照SNA2008的核算估价原则,有必要以合理的估值方法估算其核算时点的市价。自产生以来,公允价值以其公允性、相关性、现时性等特点被各国广泛应用于会计核算中。

一、公允价值的萌芽及国际应用经验

20世纪80年代,由于利率汇率的开放,欧美发达国家金融行业内竞争日益加剧,各类金融衍生工具逐渐兴起。金融衍生工具,其本质上是待执行的金融合约。相较于原生金融工具,金融衍生工具具有高杠杆高收益、交易灵活广泛的特点。在此背景下,传统的历史成本计量方法显现出了极大的局限性:首先,大部分金融衍生工具中货币是标的资产,利率则是其成交价格的最主要决定因素,因此传统历史成本计量方法中的币值稳定假设受到了极大的冲击;其次,自签约日至履约日,期间由于金融衍

生工具在二级市场中的广泛流通,其合约价格变化极其频繁,此时历史成本计量方法提供的会计信息的准确性和相关性大大降低,无法为投资者提供决策相关信息也不能够满足经济发展的需要。在此背景下公允价值计量方法应运而生。与历史成本更注重可靠性相比,公允价值力求对交易进行客观真实的反映,对于不同的资产在不同的情况下,其公允价值可以表现为现行市值、未来现金流现值甚至是用合理的方法得到的估值等。公允价值的提出是会计计量观念的一次革新,开启了会计计量方法的新纪元。

美国财务会计准则委员会(FASB)于1984年首次将公允价值运用于金融工具会计,发布了《远期合同会计》(SFAS80),之后不仅力求全面彻底地对金融工具采用公允价值计量,而且在传统的资产和负债项目准则上也体现着历史成本计量向公允价值计量的变迁。美国财务会计准则委员会2004年6月对"公允价值计量"进行立项研究,并于2006年9月发布了《公允价值计量准则》(FAS157),其对公允价值的定义为"在计量日市场参与者之间的有序交易中,为出售资产将收到的或转移负债将支付的价格"。

英国会计准则委员会(FRC)于《财务报告准则第7号—购买会计中的公允价值》中将公允价值定义为"知悉情况、自愿的双方在一项公平的交易而不是在强迫或者清算拍卖交易中,交换一项资产或一项负债所使用的金额"。

国际会计准则从20世纪80年代也开始使用公允价值的概念,其关于公允价值的定义也散见于不同的准则之中。2009年5月国际财务会计准则委员会(IASC)发布的《公允价值计量(征求意见稿)》(Fair Value Measurement)(ED)将公允价值定义为"在计量日的有序交易中,市场参与者之间出售一项资产所能收到或转移一项负债将会支付的价格,即退出价格"。2011年5月12日国际财务会计准则委员会发布的《公允价值计量》准则(IFRSl3)对公允价值的定义为"公允价值,是指在计量日,市场参与者之间进行的有序交易中,出售一项资产所收到的,或转移一项负债所支付的价格",这个定义与美国财务会计准则委员会对公允价值的定义基本一致。

公允价值应用于国民经济核算主要集中在资产负债估价领域内。在报告第三章第二节重点论述有关公允价值在国民经济核算中的国际经验,在此不做重复说明。

我国对于公允价值的探索起步较晚,回顾公允价值在我国的发展大致可以概括为三个阶段:提倡公允价值阶段、回避公允价值阶段、重新引入公允价值阶段。

提倡阶段:"公允价值"作为一种计量属性在国内首见于1998年6月财政部发布的《企业会计准则—债务重组》中。而紧随其后同期发行的《企业会计准则—投资》中对为何采用公允价值进行了更加详细的解释,主要原因有四:首先,公允价值能如实反映一定时间点上资产或负债的实际价值,进而如实反映资产能够给企业带来的经济利益流入或者清偿负债企业的经济利益流出。我国会计实务操作中已在部分领域采用此种计量方法,因此具有一定的实践基础。其次,公允价值的前提是"公平交易",即双方互相了解的情况下,自由、不受各方关系影响的基础上商定条款形成的交易。再次,我国会计准则一向积极与国际惯例接轨,在公允价值被世界各国广泛接受的背景下,我国有必要进行引入并探索。最后,由于公允价值可以表现为多种形式,如可变现净值、重置成本、现行市价、未来现金流现值等,随着我国市场经济的发展和会计从业人员的专业素质提高,逐渐采用公允价值、培养公允意识是有必要的。

回避阶段:财政部2001年1月发布的《企业会计制度》中重新将"审慎"二字摆在首位,对于相关经济业务的会计处理明确要求避免使用公允价值,初始按照历史成本入账,后续计量使用账面价值进行会计记录。此次修订的主要原因是由于我国当时的要素市场还不够发达,缺乏活跃的二级市场,公允价值往往难以确定,导致企业对于会计准则的执行带有随意性,更有甚者利用此处空白进行人为利润操纵。

重新引入阶段:自改革开放后我国资本市场历经多年的探索与发展,在形成中国特色社会主义市场经济体系的同时也取得了举世瞩目的成就。随着上市公司日益增多,上层管理者意识到现阶段会计信息用途应逐渐向为投资者提供决策信息方向转变。因此,在2006年发布的新《企业会计准则——基本准则》(CASC)中明确公允价值作为一种计量属性,并对公允价值的定义:"公允价值,是指在公平交易中,熟悉情况的双方自愿进行资产交换或者负债清偿的金额"。

截至目前,我国发布的39个具体会计准则中涉及会计要素计量的有30个,其中又有17个准则运用了公允价值计量属性,具体使用情况如下表所示:

表1-7 公允价值目前在我国会计领域的应用范围

准则名称	初始计量	后续计量
准则1—存货	Y	N
准则2—长期股权投资	Y	Y
准则3—投资性房地产	Y	N

(续表)

准则名称	初始计量	后续计量
准则4—固定资产	Y	N
准则5—生物资产	Y	Y
准则6—无形资产	Y	N
准则7—非货币交换	Y	N
准则10—企业年金	Y	Y
准则11—股份支付	Y	Y
准则12—债务重组	Y	N
准则14—收入	Y	N
准则16—政府补助	Y	N
准则20—企业合并	Y	N
准则22—金融工具确认和计量	Y	N
准则23—金融资产转移	Y	Y
准则24—套期保值	Y	Y
准则38—首次执行企业会计准则	Y	N

注:"Y"表示应用公允价值,"N"表示未应用公允价值

表1-8 各国会计准则对公允价值定义

会计准则	公允价值定义
美国FASB	在计量日市场参与者之间的有序交易中,为出售资产将收到的或转移负债将支付的价格
英国FRC	知悉情况、自愿的双方在一项公平的交易而不是在强迫或者清算拍卖交易中,交换一项资产或一项负债所使用的金额
国际IASC	在计量日,市场参与者之间进行的有序交易中,出售一项资产所收到的,或转移一项负债所支付的价格
中国CASC	在公平交易中,熟悉情况的双方自愿进行资产交换或者负债清偿的金额

二、国民经济核算与公允价值

众所周知,会计目标是核算和监督,那么"国家的会计"——国民经济核算的作用之一也是对国民经济的生产成果进行核算、对国民经济的运行质量进行监测。公允价值在会计领域的应用已经相当广泛和成熟,而国民经济各部门的会计核算结果正是整个国民经济体系核算的数据基础。现阶段在我国,单个会计主体通过联网直报、抽样调查等方式将个体会计核算结果报送至国家统计局,国家统计局通过专业的核算方法对这些一手数据进行处理,最终形成一套逻辑严密、协调一致而完整的数据体系。由表1-7可知,目前我国过半数的会计要素都采用了公允价值进行计量,公允价值在会计领域的重要地位显而易见。那么作为会计核算的汇总加工结果,在国民经济核算中,公允价值又是如何被定义并运用的呢?

正如在会计领域中,会计准则对不同会计要素的公允价值分别进行了定义,SNA2008中对于各类核算对象的公允价值也分别进行了说明。比如,在SNA2008第13章《资产负债表》有关于不良贷款的备忘项目中:"建议设立两个与不良贷款相关的备忘项目。第一个是贷款的名义价值,包括产生的利息和服务费用。第二个是这些贷款的市场等量值。最接近于该市场等量值的是公允价值,即'近似于当事人之间进行市场交易而产生的价值'。可以利用可比较工具进行的交易,或利用现金流贴现的现值来建立公允价值,有时也可以从债权人的资产负债表中得到公允价值。当缺乏公允价值数据时,备忘项目只能利用一种次优方法确定,即以名义价值减去预期贷款损失。"[SNA2008-13.67]在SNA2008第6部分有关于雇员股票期权的估价中:"国际会计准则委员会(IASB)的核算建议是,授权日企业期权的公允价值等于当时的行权价乘以含权日可行权的期望期权数,除以含权日之前的期望服务年数。将这一公允价值与每年提供的服务年数结合起来,得到公司在各该年度上的成本。如果关于将行权期权数目的假设发生变化,则每个服务年的公允价值要随之加以调整。"[SNA2008-17.386]

可以看出,国民经济核算领域对于公允价值的定义与会计领域基本上是一致的,都是知情的交易双方在自愿、公平的交易中获得(出售)一项资产所付出(收取)的金额或清偿一笔负债所付出的对价。但关于公允价值的获取途径方面,与会计核算一般取市场交易价格不同,国民经济核算更加强调公允价值的合理估值。主要原因有两点:

首先,国民经济核算的范围远大于会计核算。会计核算微观个体单位的资产负债、监督微观个体的经营成果。而国民经济核算中更为宏观其核算范围是整个国家的资产负债、监测整个国民经济运行成果。国民经济核算基本上包括五个国民经济机构部门:非金融企业部门、金融企业部门、政府部门、住户部门以及国外部门。各部门内部的交易通过汇总、合并、取净值等专业手段进行处理,部门间的交易结果往往以项目乘以机构部门的矩阵框架表现。除了存在活跃市场、公允价值容易获得的金融资产、负债和实体经济中的经常性流通货物等会计经常核算对象,国民经济核算范围还包括换手率较低的资产负债,甚至是不存在交易的实物资产(如实物社会转移)以及服务。以用于自用的货物或服务为例:生产者没有与其他单位发生任何交易。在这种情况下,为了能够在账户中记录这些货物或服务,就必须估算其公允价值并对内部交易进行记录,以反映生产者用于自身消耗或资本形成的那部分货物或服务。

其次,两者的核算目的不同。国民经济核算框架(以 SNA 为例)的设计和结构高度依赖于经济理论和原则以及工商会计的核算惯例,例如生产、消费和资本形成等基本概念都根植于经济理论。当工商会计的惯例与经济原理相冲突时,要优先考虑后者,这是因为 SNA 是为了宏观经济分析和政策制定的目的而设计的。工商会计和经济理论之间的区别,可以通过 SNA 中所使用的生产成本的概念来说明。在成本核算中,与会计核算使用实际结算价款(加运输费、合理损耗等)不同,SNA 所使用的是经济学中机会成本的概念。换句话说,在某一特定生产过程中使用或耗尽的某些现有资产或货物的成本,是按照将这些资产或货物以其他方式使用时能够获得的收益来衡量的。机会成本是以在使用资产或资源时放弃的机会为基础来计算的,它不同于为获得该资产或货物而发生的成本。在实践中,机会成本核算的最切实际的近似值是现期成本核算,这里包含两个要点:一是强调核算期当期而非历史各时期的价格,二是强调以市场价格而不是生产成本作为估价基础。为此要在交易发生时对生产过程中所使用的资产和货物的公允价值进行合理估计。

综上,可以认为运用适当方法对公允价值进行合理估计是国民经济核算的重要一步。

三、公允价值在国民经济核算中的应用背景

1.公允价值可以准确把握实体经济的发展状况

无论经济发展到何种程度,实体经济的发展都离不开资金的支持,而各类金融工具的广泛流通为资金在国民经济各部门的重新配置提供了良

好的渠道。以债券为例,小到企业个体通过发债进行资金筹措,大到整个央行通过国债进行宏观经济调控,债券在现代社会资本融通的过程中发挥着重要的作用。其存量流量大小、发行主体结构对于衡量企业和国家的资本规模大小、资金缺口大小以及资金配置合理性等方面具有重要的参考作用。各类金融工具价格的计量则是其总量计量的基础,对于各类金融工具采用准确的计量方法,将其在交易中的价值最大限度地在价格中体现出来具有重要的理论与实践意义,而公允价值计量恰恰是最适用于存在活跃市场的金融工具的方法。

2.经济由高速增长转向高质量增长需要更优质的宏观经济数据基础

随着我国经济新常态的深入,我国经济不再单纯追求高速增长,取而代之的是高质量的、平稳的经济增长和更加优化的经济结构。经济增长动力已逐步由要素驱动转向创新驱动,为此《中国国民经济核算体系(2016)》引入了"知识产权产品"概念以契合创新驱动经济增长的全新理念,此举可增加核算的全面性、现时行和完整性。同时,经济增长波动趋势已由过去的"大起大落"转为"微波化"趋势,所以需要更加精准、全面的宏观经济数据来捕捉、监测国民经济运行状况。公允价值的真实性特征能够满足日益提高的数据质量要求,应当进行更加深入的研究。

3.目前我国国民经济核算正处于发展的关键时期

我国国民经济核算体系一直以SNA为基准进行逐步完善,近年来我国经济结构转型升级、经济总量稳步扩张,为更加准确地反映我国国民经济运行情况,更好地体现我国经济发展的新特点,满足经济新常态下宏观经济管理的新需求,实现与国民经济核算新的国际标准相衔接,提高我国国民经济核算方法和核算数据的国际可比性,国家统计局会同国务院有关部门及高等院校和科研机构,对 SNA2008 和我国经济社会发展变化情况进行了深入研究,根据我国实际情况,借鉴其他国家的有益经验和做法,对《中国国民经济核算体系(2002)》进行了全面系统的修订,形成了《中国国民经济核算体系(2016)》。新的核算体系在基本框架、基本概念和核算范围、基本分类、基本核算指标以及基本核算方法等五个方面进行了系统修订并于 2017 年开始正式采用。这标志着我国现在正处于国民经济核算的发展关键期。在新的核算体系中也提到了公允价值估价,如 FISIM 核算中的投资收益公允价值。

四、公允价值在国民经济核算中的应用意义

将公允价值应用于国民经济核算具有重要的理论与实践意义。

有利于完善我国的国民经济核算体系。国民经济核算中资产负债核算、资金流量核算等方面研究均涉及了资产、负债的估价,公允价值作为相对真实公平的计量方式,其引入将有利于相关核算的健全与完善。

为宏观经济分析提供更高质量的数据。正如在第一部分公允价值中提到,公允价值是最贴近市场上公平自愿交易形成的成交价格的一种计量方式,其能满足信息使用者的决策需求,也能更真实地反映企业的经营成果,并且符合配比性原则。在国民经济核算实践中,宏观账户通过汇总、合并、取净值等专业手段从微观数据中获取核算基础。因此,将公允价值运用至国民经济核算将提高宏观经济数据的真实准确性,高质量的数据为经济分析提供了坚实的基础,从而更好地为宏观经济管理服务。

更好地发挥债券公允价值的作用。首先,债券公允价值本身就是一项反映市场资金紧缺程度、供求关系以及经济发展状态的重要指标,为货币政策和宏观经济管理提供了市场参考信息。其次，债券公允价值的某些属性，也能反映出具有实际参考意义的信息。如债券公允价值（或公允价值的可靠估计值，如中债估值）变动频率，频率越高说明在到期前某类债券的交易越频繁、报价信息更新速度越快则说明该债券的需求量、供给量相对越丰富，该类债券的投资热度越高（或继续持有意愿越低），这在一定程度上反映了市场上资金的配置意愿。若将目光定位在公司信用类债券，则可以认为该类债券所处企业（行业）必然是需要大量资金进行业务（产业）扩张并且被广大投资者看好的；反之则是企业（行业）的发展受阻，投资者不看好公司的持续偿债能力且不愿继续持有债券。这一点可以间接却有力地说明当下以及未来某区间段内国民经济运行过程中的热点所在领域或者接下来预计可能将陷入萧条的行业。

第三节　应用债券市场公允价值提高国民经济核算质量的可行性

一、债券公允价值现状

（一）债券的公允价值

债券交易不活跃的特点导致市场所能提供的价格信息较为缺乏，这给债券资产的公允价值计量和风险管理带来了困难。客观上，债券的公允价值需要利用估值技术对稀少的市场价格进行分析或处理才能得到。目前，估值技术已经成为国际上债券定价及会计核算的重要手段。

由于债券市场中可观察到的持续有交易的债券数量极为稀少,所以,债券的持有者在对债券资产进行公允价值计量时只能采用估值技术。从现有各国的会计准则和实践经验来看,一个普遍的共识是:估值技术应当是市场参与者普遍认同且被以往市场实际交易价格验证具有可靠性的估值技术,采用估值技术时应当尽可能使用市场参与者在金融工具定价时所使用的所有市场参数。

根据估值主体的不同,可以将估值分为内部估值和外部估值。内部估值是机构内部的专业人员采用估值技术编制的估值,由于对贴现率的选择和对未来现金流量的估计,均离不开对未来事项和不确定性的主观判断,内部估值在公允性方面存在天然的缺陷。因以上这些主观判断因素的存在,会计人员很难保证其对估值参数的职业判断不受管理层的影响,同时由于会计人员的专业素质不同这些主观判断也会受到影响。客观上讲,为了得到债券价格的公允估计,需要获取尽可能多的市场信息,从成本收益的角度看,内部估值的成本相对较高。

基于内部估值上述的缺陷,会计界越来越倾向于选择采用外部估值。所谓外部估值,是由外部第三方专业估值机构提供的债券估值服务。目前,市场上有大量的提供债券第三方估值服务的机构,如中央结算公司、中证指数有限公司等。其中中央结算公司的"中债估值"系列产品,在市场上具有一定的权威性,我国主管部门在进行宏观经济管理大部分使用"中债估值",如财政部国库司每年发布的《财政部国债管理工作报告》、人民银行每月《金融市场运行情况》、每季度《货币政策执行报告》均采用中央结算公司编制的中债国债收益率作为债券市场利率参考水平。

(二)金融资产公允价值应用现状

根据《企业会计准则—第22号金融工具确认和计量》的规定,交易性金融资产和可供出售类金融资产按照公允价值进行计量。首先,交易性金融资产和可供出售类金融资产的合计可以衡量公允价值计量金融资产的规模大小。其次,交易性金融资产公允价值变动计入当期损益,可供出售类金融资产公允价值变动计入所有者权益,其变动金额反映了分别在损益和权益表中确认的金融资产公允价值变动值的总和,尤其是公允价值变动损益与利润总额之比反映出公允价值对利润的影响程度。再次,金融机构运用债券公允价值的情况与机构类型、业务特点息息相关。通过对商业银行、保险、基金和证券公司金融资产三分类的情况分析,可以掌握金融机构运用公允价值计量金融资产的特点及差异。最后,金融衍生品的交易不活跃性及估值价格不透明性是造成美国次贷危机的原因之一。为此,我们考察了表1—9中46家金融机构2017年持有相关金融产品的情况,数据来源为2017年年度报告,实证分析的主要结论如下:

结论1:公允价值计量的金融资产规模庞大,公允价值已经成为商业银行、基金、保险公司和证券公司计量金融资产的重要方法之一。我国商业银行虽然资产规模庞大,公允价值计量金融资产比例不高(王平、刘玉延《金融工具(债券)公允价值问题研究》),但基金、保险公司和证券公司采用公允价值计量金融资产的比例已经具有相当的规模。(数据来源Wind)

结论2:上市银行公允价值变动损益对利润总额影响较小,对基金、证券公司和保险公司影响很大。持有的以公允价值计量的金融资产比例在逐年上升,另一方面受市场行情影响,公允价值变动净收益给金融机构造成深远的影响。

结论 3：上市银行持有的资产以客户贷款及垫款为主。2017 年表 1-9 中的 14 家上市银行持有的发放贷款及垫款总额为 59,914,263 百万元，占资产总额的 52.5%，是上市银行资产的重要组成部分。相比之下，以公允价值计量的交易性金融资产总额为 2,424,889 百万元，占资产总额的 2.1%；可供出售金融资产为 8,506,013 百万元，占资产总额的 7.45%。由此可见，我国上市银行仍以传统存贷款业务为主，企业和个人贷款占据我国银行资产的重要地位。（数据来源 Wind）

结论 4：我国基金以持有交易性金融资产为主，且债券投资约占交易性金融资产的 1/2。2017 年我国基金股票投资和债券投资几乎各占一半。与股票市场不同，债券的不活跃导致每天只有小部分债券具有活跃的市场价格。因此，债券公允价值计量的准确性和及时性对基金行业非常重要。（数据来源 Wind）

结论 5：上市券商持有的资产以货币资金为主，以公允价值计量的交易性金融资产总额占资产总额的 22.6%。（数据来源 Wind）

结论 6：上市保险公司持有以公允价值计量的交易性金融资产总额占资产总额的 2.8%。（数据来源 Wind）

（三）我国债券市场现状

债券公允价值的产生依托于活跃的债券交易市场。20 年来，中国债券市场实现了跨越式发展：债券市场规模和实力与日俱增，目前我国债券市场余额已逾 60 亿元，位居世界第二；同时债券的交易品种也日渐丰富，包括国债、金融债、信用债、绿色债等 30 多个；债券投资者队伍不断壮大和多元化，目前银行间债券市场已发展成为银行业、证券业、保险业以及各类非法人集合性资金和企业广泛参与的合格机构投资者市场。

面对交易活跃的债券市场,债券估值工作对于投资者和管理者来说都显得尤为重要。目前我国的债券交易以场外市场的报价驱动交易为主,这是因为机构投资者持有的债券数量很大,单笔交易数额也很大。并且其持有债券的目的通常不是频繁地交换而获得价差收益,而是获取匹配负债获取固定收益,所以债券的流动性相较于股票、期货、期权等较低,价格的连续性也较弱。但是,以目前我国债券市场的发展状况来看,每天对债券的公允价值进行估值是可行的。

对债券进行估值涉及的两个最关键因素为:未来现金流和贴现率。普通债券的未来现金流在债券发行时就有明确的规定;对于未来现金流不明确的特殊的债券,如含权债、浮动利率债等,也可以根据模型进行合理推导。

贴现率一般直接使用收益率曲线来确定的。债券收益率曲线一般是根据相同信用等级的债券价格信息进行编制,如果同一信用等级的债券当日没有任何价格信息,可以根据历史数据参照当日其他信用等级的曲线进行推导。

目前我国已形成以"中债估值"为代表的、较为成熟完备的债券公允价值估值体系。"中债估值"目前已经实现了对境内各币种债券品种估值的全覆盖,每日发布 45000 余条估价信息;同时为全市场所有的优先股提供估值,并且每日发布 27000 余条理财非标资产、理财直接融资工具估值,为商业银行的内部风险控制提供了参考。

因此,依托于"中债估值"等成熟债券估值体系的支持,债券公允价值信息将得到更加充分的利用,在国民经济核算等领域为宏观经济管理提供更高质量的数据基础。

(四)我国债券的公允价值计量情况介绍

当前,提供收益率曲线和债券估值等债券市场公允价值指标的第三方包括中债金融估值中心有限公司(以下简称"中债估值中心")的中债估值、中证指数有限公司的中证估值、上海清算所估值、中国货币网估值等。其中,中债估值作为债券市场价格基准的权威性和认可度最高。在选取的46家金融机构样本中,有45家金融机构的2017年年度报告显示,金融资产和金融负债公允价值的确认原则都按照市场的活跃程度进行划分,包括存在活跃市场的金融工具和不存在活跃市场的金融工具。主要计量情况如下:

结论1:我国金融机构对其认为存在活跃市场的债券采用活跃市场的报价、估值技术或两者相结合的方法确定公允价值,且以活跃市场的报价为主。

根据46家金融机构披露的2017年报统计,除1只货币类基金直接采用摊余成本法确定债券公允价值的确定方法外,剩余45家(97.8%)机构都遵循着"可观察输入值优于不可观察输入值"的原则,按照《企业会计准则》的规定披露了活跃市场下债券公允价值的确定方法,包括活跃市场的报价、估值技术和活跃市场的报价与估值技术相结合三种计量模式。在9家非货币基金中有2家(22.2%)只采用市场价格确认存在活跃市场金融工具的公允价值,剩余7家非货币类基金以及全部10家货币类基金、3家上市保险公司、9家上市券商、14家上市银行都首先以市场价格确定公允价值,如果在资产负债表日市场价值无法获取市场价值的情况下,则以经济环境未发生重大变化的最近交易日市场价格作为公允价值,最后如果无法取得可观察输入值,则在谨慎性原则的基础上采用适当的估值技术,审慎确定公允价值。同时发现即便存在活跃市场的债券,仍然有 16 家(34.8%)机构采用市场价格结合估值技术确认债券公允估值。此外,除 5 只货币类基金未披露公允价值估值技术的具体方法外,剩余货币基金中有 4 只(66.7%)采用摊余成本法。(数据来源 Wind)

结论 2:我国金融机构对其认为不存在活跃市场的债券,采用估值技术进行估值。

结论 3:我国金融机构采用的债券估值技术包括参照实质相同的其他金融工具当前的公允价值、现金流折现法及期权定价模型法(王平、刘玉延《金融工具(债券)公允价值问题研究》)等。在 46 家金融机构的 2017 年报中,除 2 家非货币基金不采用估值技术外,在剩下的 44 家机构中,有 16 家(36.3%)没有披露估值技术采用的方法。在剩余的 28 家机构中,有 17(60.7%)家机构的估值技术包括参照实质相同的其他金融工具当前的公允价值、现金流折现法及期权定价模型法;7 家(25.0%)机构的估值技术包括市场法、收益法及成本法;4 家(14.3%)机构只采用摊余成本法。此外,未披露估值技术的 4 家上市券商中,有 2 家表示在资产负债表日采用市场参与者普遍认同,且被以往市场实际交易价格验证具有可靠性的估值技术确定公允价值,但并未明确表明估值技术名称。(数据来源 Wind)

结论 4:在 46 家金融机构中有 24 家机构(52.2%)的金融机构年报披露采用第三方独立机构提供的债券公允估值。其中,6 家机构未披露具体第三方机构名称,剩余 18 家机构(75.0%)均采用的是中央国债登记结算有限责任公司独立提供的中债估值或中债收益率曲线;2 家表示采用的是由公司指定相对独立的部门提供,但未具体到部门或机构名称。从机构分布看,基金行业采用第三方公允估值的比例相对较高,占比50%,上市银行次之为37.5%,上升保险公司第三占33.3%,上市券商最低为11.1%。(数据来源Wind)

表1-9 46家金融机构样本

机构类型	机构名称		
上市银行	工商银行	浦发银行	宁波银行
	建设银行	兴业银行	南京银行
	中国银行	华夏银行	中信银行
	交通银行	北京银行	民生银行
	招商银行	深发展A	
上市券商	西南证券	国元证券	海通证券
	太平洋	长江证券	中信证券
	东北证券	国金证券	宏源证券
上市保险公司	中国平安	中国太保	中国人寿
非货币类基金	交银增利债券A	华夏希望债券A	华夏债券AB
	交银增利债券B	华夏希望债券C	华夏债券C
	交银增利债券C	工银瑞信增强收益B	工银瑞信增强收益A
货币类基金	华夏现金增利	南方现金增利A	博时现金收益
	工银瑞信货币	建信货币	华安现金富利
	嘉实货币	嘉实超短债	易方达货币B
	易方达货币A	招商现金增值A	

二、中债公允价值指标应用领域及前景

中央国债登记结算有限责任公司(简称:中央结算公司)是国家金融基础设施建设的核心单位。中债估值中心依托母公司中央结算公司的国家级核心金融基础设施地位,依靠数据优势和专业优势,从1999年开始编制发布国内第一条国债收益率曲线,并由此衍生发展出包括中债收益

率曲线、中债估值、中债指数、中债市场隐含评级等一整套反映债券市场风险与收益情况的基准价格指标,得到主管部门和市场成员广泛认可和深入应用。

微观层面,金融机构普遍采用中债价格指标产品进行前台交易、中台风控和后台记账。2008年财政部新会计准则实施以来,绝大多数银行、保险公司、证券公司、基金公司等金融机构纷纷采用中债估值作为债券资产公允价值计量的基准。2012年中债估值中心配合财政部完成了《金融工具(债券)公允价值相关问题研究》课题,为完善债券公允价值会计准则提出了一系列可行的措施和建议。

宏观层面,自党的十八届三中全会提出"健全反映市场供求关系的国债收益率曲线"以来,财政部、人民银行、银保监会、亚洲开发银行官方网站陆续发布了中债估值中心编制的中债国债收益率曲线,其中三个月期限的中债国债收益率被国际货币基金组织纳入 SDR 利率篮子。中债国债收益率曲线作为境内人民币基准利率曲线的地位日益凸显,在配合利率市场化改革和人民币国际化方面发挥着越来越重要的作用。

作为无风险基准的利率曲线,国债收益率曲线的应用已超出了债券资产定价范围,向更加宽广的领域发展:保监会要求保险行业使用中债国债收益率曲线作为保险准备金计量的基准,应用于负债端的公允价值计量;部分银行开始使用中债国债收益率曲线作为内部资金转移定价的基准,并尝试用于存贷款市场化定价;更多金融或非金融资产采用国债收益率作为无风险基准利率进行贴现定价等等。《"十三五"规划纲要》提出要"更好发挥国债收益率曲线定价基准作用",作为国内权威的国债收益率曲线编制机构,中债估值中心持续推动债券市场基准价格指标对国家宏观经济管理和战略实施提供支持。

债券公允价值在国内生产总值核算(金融中介服务产出<FISIM>)、资产负债核算、资金流量核算等国民经济核算领域具有广阔应用前景:利用债券收益率曲线探索金融中介服务产出(FISIM)核算,利用债券估值探索国家资产负债表金融资产或负债的核算,利用债券收益率曲线探索雇员股票期权等公允价值计量与资金流量核算等。上述核算涉及的债券收益率曲线、债券估值等债券公允价值指标将采用债券市场的权威基准:中债收益率曲线、中债估值等中债价格指标。

第四节 债券公允价值在国民经济核算中的应用

一、应用领域

SNA2008中对于公允价值在间接测算的金融中介服务、雇员股票期权等方面的应用进行了明确的规定,本报告通过检索SNA2008中公允价值出现的区域,以SNA2008新修订并提出公允价值计量的两大核算对象为其中两个切入点,另外,考虑到债券公允价值计量目前已经形成较为成熟的估价体系,固定资产、存货、自然资源等公允价值计量目前已经成为国内外相关学者重点研究对象,本报告从资产负债表核算出发,探讨公允价值在以下三个方面的应用。

1.间接测算的金融中介服务(FISIM)

金融中介机构向社会提供的金融服务包括两大类:其中一类是表面上不收费的与存贷款相关的金融中介服务。由于金融中介机构在提供此类金融服务时,不直接向顾客收取服务费用,从而无法直接测算金融中介服务总产出。目前 SNA2008 中用于间接测算金融中介服务的核算方法为:FISIM =(贷款利率–参考利率)×贷款额+(参考利率–存款利率)×存款额。此种核算方法最关键的一步就是参考利率的确定,目前我国对此方面的核算仍处于探索期,而估算公允价值时常用的国债收益率曲线可以作为参考利率选取的有效依据。

2.资产负债表核算

(1)金融资产核算

我国目前采用公允价值计量的金融资产规模庞大,公允价值已经成为商业银行、基金、保险公司和证券公司等计量金融资产的重要方法之一。在我国现行资金流量表(金融交易部分)中,涉及的金融资产包括:通货、存款、贷款、证券投资基金份额、证券公司客户保证金、保险准备金、金融机构往来款、准备金、库存现金、中央银行贷款、直接投资、其他对外债券债务、国际储备资产、其他等。对于以上金融资产的准确计价是金融资产存量核算的基础,也是后续对于核算后得到的资金流量表进行交易项目分析、机构部门分析等应用的基础。因此,在众多金融资产核算对象中挑选出适用于公允价值进行计量的项目是必要的。

(2)非金融资产核算

国民经济核算与工商会计核算最大的不同之一是其核算范围更加广泛。除了金融资产,非金融资产也是国民经济核算的重要部分。在国民资产负债表中,非金融资产包括:固定资产、存货、贵重物品、自然资源、合约租约和许可、商誉和营销资产。由于这些资产的交易市场相对不活跃,有的甚至不存在交易市场(如某些自然资源),因此,合理估价对于非金融资产核算的准确性显得尤为重要。国外对于这些资产基本上使用公允价值进行估价,我国《企业会计准则39号—公允价值计量》也对投资性房地产、生物资产、非货币性资产交换、债务重组、政府补助、租赁和企业合并中的非共同控制下的企业合并等非金融资产提出采用公允价值进行计量。

3.雇员股票期权估价

在2017年10月正式开始实行的《中国国民经济核算体系(2016)》中首次将雇员股票期权估价纳入核算范围。对于此方面的核算我国目前还处于研究初期。SNA2008对于此核算项目的公允价值确定进行了明确的说明:"授权日企业期权的公允价值等于当时的行权价乘以含权日可行权的期望期权数,除以含权日之前的期望服务年数。将这一公允价值与每年提供的服务年数结合起来,得到公司在各该年度上的成本。如果关于将行权期权数目的假设发生变化,则每个服务年的公允价值要随之加以调整。"现阶段来看对雇员股票期权的公允价值的研究是后续核算的基础。

二、应用原则

在我国国民经济核算体系中,对各核算对象的计量强调采用市场价格进行计量,在无法获得市场价格的情况下,可以采用相似物的市场价格进行估计,如果没有相似物,可以采用适当的估价模型来估算这些非金融资产的价值。

公允价值意指公平的市场价格,公允价值是基于市场信息的一种评价,而不是其他主体对资产或负债的主观认定。市场上集聚了各行各业的供需者根据自身掌握的信息进行竞价,通过公平自愿的方式进行交易,从而使得市场价格具有"公允性"。当一项交易或事项还未发生,但其对应的市场价值信息发生变动,就应该对其采用当前市场的价格进行估计,当缺乏市场价格时应该采用现值估值技术进行估计。公允价值是一种特殊的计量属性,能够准确反映计量对象的内在价值,代表的是预期的现金流量按照当前的市场风险报酬率折现得到的一种现行价值。

确定国民经济核算对象的公允价值,需要遵循以下三个原则:

第一,当核算对象存在活跃市场时,以其市场价格为基础确定公允价值。

第二,当核算对象不存在活跃交易市场的情况下,而市场上有类似的资产时,然后按照其公开市场报价作为公允价值,如果没有同类或类似物的市场公开报价的,可以按照活跃市场上同类或类似物交易的最近交易价格作为公允价值,但需要考虑交易状况、时间、区域等因素对公允价值的影响做出合理调整,如果也没有活跃市场上同类或类似物交易的最近交易价格的,可以基于未来收益观和现金流量估计公允价值。

第三,当市场不活跃时,也没有相似物存在活跃市场时,可以利用一定的计量方法等计算得到的价格作为获取公允价值的依据,使用较多的方法有定价服务、模型、高级管理层的内部估值等。

三、中债价格指标在国民经济核算中的应用

1.中债估值可用于债务性证券类资产负债估值

国民资产负债核算在宏观经济管理、政策制定、衡量经济增长等方面起着举足轻重的作用。所以,对于国民资产负债表中所使用的估值数据

应尽量保障其公允、真实性。而债券的公允价值正是最能体现"市场性"的一种价格,用核算时点债券的公允价值进行存量核算有助于健全、完善我国的资产负债存量核算体系。

为保证国民经济核算的准确性、为国民经济核算结果更好地为宏观管理服务,对于债券的估值应尽量避免内部估值,而较多地采用外部估值数据,即由企业外部独立的第三方专业估值机构提供估值数据,如"中债估值"。

2.中债收益率曲线可为 FISIM 核算中的参考利率提供取值选择

2016 年中国国民经济核算体系改进了 FISIM。2016 年核算体系采用了与 SNA(2008)一致的方法计算 FISIM,建议用参考利率法计算 FISIM 产出,核算范围是金融机构的所有贷款和存款,但是没有给出具体参考利率的选择准则。实施参考利率法的关键是参考利率的选择和确定,然而受金融市场发展的制约,参考利率的选择存在困难,国内外尚未统一意见,目前在中国的使用还在探索中。

目前大部分发达国家在进行 FISIM 核算时采用长短期两种参考利率法或匹配参考利率法。我国若也采取此方法,那么长短期参考利率的选择则成为 FISIM 核算的重中之重。而中债国债收益率曲线正是描述国债待偿期与国债收益率之间关系的曲线,而国债相关收益率是无风险收益率的最佳参考值。

3.中债收益率曲线可为雇员股票期权估值模型提供参数

美国、日本在估计雇员股票期权的过程中采用的是与雇员股票期限相一致的国债收益率作为无风险利率。目前我国公布的中债国债收益率曲线(到期)分别有 3 个月、6 个月、9 个月、1 年、3 年、5 年、7 年、10 年、15

年、20年、30年、50年等12项,而我国当前的雇员股票期权尚处于发展过程中,因此,挑选与雇员股票期权期限相适应的中债国债收益率曲线作为无风险利率绝对是可能的,因此在我国未来雇员股票期权公允价值的估算过程中,与雇员股票期权期限相适应的中债国债收益率无疑是无风险利率的不二选择。

4.中债收益率曲线可为非金融资产估值模型提供参数

中债金融估值中心有限公司(简称:中债估值中心)是国家金融基础设施的核心构成,在中国债券市场发展进程中发挥了重要的引领与创新推动作用。中央结算公司在金融基础设施领域持续、精准、协同发力,打造多个核心服务平台。在其《2016—2020年战略规划》文件中,中债估值中心规划要加快中债估值向非债券资产领域拓展,拓展定制指数服务,发展特色领域应用。因此,在未来非金融资产公允价值的估计中,可以依托中债估值中心的估值的优势和经验,为我国未来国民经济核算中的非金融资产公允价值的估算和评估提供技术支持和保障。

第二章 国内生产总值核算：债券收益率曲线在金融中介服务产出（FISIM）核算中的应用

第一节 FISIM 核算的基本方法

一、研究背景与意义

（一）研究背景

金融中介机构向社会提供的中介服务一般分为两大类（除养老金服务和保险以外）：一是直接收费的其他金融服务，比如不动产管理和投资组合管理等；二是与存贷款相关不直接收费的金融中介服务。第一类服务不论在理论还是实践的核算上都较为简单直接，而对于第二类服务，其活动是否具有生产性，国内外曾一度存在不同见解。首先解释何为生产，国民经济核算所讨论的生产是指经济生产。经济生产是在人类参与之下为获得产出而进行的生产，它应该由一个特定的机构单位负责或控制，为得到产出要投入劳动、资本以及其他货物和服务。

实际生活中，金融机构并未向存款者和贷款者收取服务费。只是金融机构向存款者支付利息或向贷款者收取利息。从表面上看，只是实现了财产收入转移,并没有金融服务产出,从而否定这部分活动的生产性。然而,排除商业银行的隐含收费服务产出是不合理的,因为一旦将这部分产出排除,银行总营业盈余将为负值,导致银行依靠收入弥补运营开支。没有对隐含收费服务产出的归属,银行就类似于一个亏损企业以补贴维持生命,这与实际情况是完全不符的。金融机构是营利性企业单位,其增加值不可能一直为负数。

金融中介机构不可能免费提供金融中介服务,对于存款者,需要通过银行寻找贷方,并将由此带来的风险转嫁给银行,所以应该向银行支付服务费用。对于贷款者,通过银行贷款可以减少信息不对称所带来的风险,也可以省去寻找贷方的辛苦。从这个意义上讲,存贷双方都享受到了银行的服务,他们应当向银行支付一定的服务费用。其实,金融中介服务是无异于其他劳务形式的生产活动。金融中介机构向存款者支付利息或向贷款者收取利息,但其支付或收取的利率不同,透过利率差的表面现象,可以发现存款者收取的利率与贷款者支付的利率之所以不同,是因为存款者从银行所获得的利息是扣除了存款服务费用的财产收入。贷款者向银行支付的利息包含了贷款服务费用和贷款利息两部分。这里的利息不仅仅是财产收入,而且还包含了银行的服务费用。

(二)研究意义

金融业是一个瞬息万状的行业,新的金融衍生工具层出不穷。金融服务在国民经济发展的过程中已经成为不可或缺的一部分,它几乎渗透到国民经济的每个角落。从金融业增加值占比来看,我国金融业增加值所占 GDP 比重 1996 年至 2002 年在 5% 左右,2003 年至 2006 年接近 4%,2007 年以来不断走高至 2015 年的 8.4%。从 2005 年 4% 的低点至 2015

年8.4%的高点,在这10年间,我国的金融业增加值占比翻了一番。随着中国经济的稳定发展,金融服务业在机构数量、资产规模和产品种类上都有了迅速发展,特别是金融衍生工具如货币互换、利率互换等业务的开展。

紧随经济环境变化,国民账户体系(System of National Accounts,即SNA)在各个领域的核算方式也在不断更新,如今服务业经济核算方法改革的主要关注点之一就是"间接测算的金融中介服务产出(FISIM)"。FISIM核算方法已经从SNA(1953)的提出到SNA(2008)不断发展,虽然已经经历了近60年的发展,但它仍然是最具争议性的话题之一,有待SNA的进一步讨论。目前,经济合作与发展组织(OECD)、联合国统计司(UNSD)、欧洲统计局(Eurostat)等国际组织都建立了金融服务核算研究小组,足以说明该问题是一个热点问题。

相较于欧美的一些经济发达国家和国际经济组织,中国在FISIM的产出和使用核算方面起步较晚,发展速度和核算质量也较显薄弱。随着中国经济的稳步发展,逐步走入世界经济舞台中心,金融业在产品种类、机构数量和资产规模等方面发展迅速,对金融服务业总产出的官方估计,不能充分反映服务业快速扩张的实际情况。因此,对金融服务业总产值核算的研究是非常必要和迫切的,需要进一步加强对中国金融中介服务的理论与核算方法的研究,以满足实践的需要。

二、金融中介服务产出(FISIM)的概念

在国民经济核算体系中,通常从产出总价值中扣除中间性消耗价值,用增加值作为本单位的产出成果,然后将各单位的增加值加总起来作为整个国民经济的产出总量,这样核算的结果就是国内生产总值(GDP)。在价值构成上,国内生产总值是一国范围内各生产单位当期增加值的总和,代表该时期内各单位通过生产活动而新增加的价值。以定义为基础,可以确定国内生产总值的计算方法:一方面可以通过各产业部门增加值求和计算国内生产总值,包括生产法和收入法两种;另一方面可以根据最终产品的使用去向计算国内生产总值,即支出法。

以生产法来计算国内生产总值时,国民经济核算中最常用的两种部门分类方法是:机构部门分类和产业分类。增加值核算是对生产的核算,从生产活动看,比较适合于从产业类别来刻画其特征。总产出按产业一般可分为:工业总产出、农林牧渔业总产出、建筑业总产出、批发零售业总产出、金融业总产出等20个门类的产出,其中,金融业总产出的核算尤为特殊。

理论上,金融业总产出应是金融机构本期所有活动的价值表现,金融机构营利性的服务性质决定了其总产出可用本期生产性收入的总和进行核算。但在实践中,这种核算却存在很大的难度,核算的难点是很难计算出金融机构的生产性收入。金融机构向社会提供的服务活动包括两大类:一类是聚集社会闲散资金,然后进行放贷活动,即中介服务活动;另一类是从事汇兑、结算、咨询等辅助业务服务活动。在提供辅助业务服务时,金融机构已向使用此类服务的单位或个人直接收取了服务费,因此,可用收取的服务费作为此类活动的产出。而在提供中介服务时,金融机构并未向使用此类服务的单位或个人直接收取服务费,从而造成金融机构中介服务产出核算困难,间接测算的金融中介服务(FISIM)即是对金融中介机构提供的隐含收费服务产出的一种间接测算方法。

三、FISIM 核算范围的确定

有关间接测算的金融中介服务核算范围的争论从未间断,本节主要从核算主体生产者的界定、核算客体金融服务的构成、核算方法三个方面,以 SNA 对于 FISIM 核算范围的改进修订为主线,进一步梳理明确核算范围,从而提高核算的精度。

(一) FISIM 的核算主体

SNA(1953)中 FISIM 的核算主体被笼统地概括为依靠利息收支差运营的"商业和存款银行"及"相似的金融机构"。SNA(1968)以"商业和存款银行,存款和贷款协会,相似的金融机构"为 FISIM 的核算主体。SNA(1993)中 FISIM 核算的主体包括"中央银行、商业银行、保险机构和养老金以外的其他金融机构"。

SNA(2008)中原有核算主体的称谓发生变化,使用存款资金发放贷款的"其他存款企业"被称为"中央银行以外的存款性公司";使用债券等金融工具吸收资金开展金融中介服务的"其他金融中介机构"被称为"保险机构和养老基金以外的其他金融机构"。还采纳联合国国民经济核算专家组(AEG)建议,纳入那些使用自有资金形成资产的"专属金融机构和贷款者",原因是凭借贷出自有资金获取金融资产的活动也被视为金融中介活动。根据 SNA 的不断修订,最终 FISIM 的核算主体主要是中央银行以外的存款性公司,其以从事存贷款的金融中介活动为主营业务,具体包括商业银行、储蓄银行、信用合作银行、农村信用银行、邮政储蓄、信用社、汇划银行、接受存款或发行类似存款工具的其他金融机构。

(二)FISIM 的核算客体

SNA(1953)和 SNA(1968)并未对 FISIM 服务本质有明确认识,SNA(1953)认为 FISIM 核算客体是财产收益,SNA(1968)在其基础上除去自有资产的收入,均未能阐明是何种活动导致 FISIM 生产。SNA(1993)明确指出 FISIM 的本质是金融中介服务,FISIM 等于应收财产收入和应付利息的差额,且从应获财产总收入中"扣除凭借贷出自有资金获得的投资收入"。

SNA(2008)建议 FISIM 只适用于贷款和存款,并且要包括所有的贷款和存款,而不仅是与中介资金有关的贷款和存款,否定了间接测算的金融中介服务产出核算方法中扣除金融机构利用自有资金投资获得的财产收入的做法,并且只有当贷款由金融机构提供以及存款存入金融机构时,才使用该方法,最终确定 FISIM 核算客体是存贷款纯粹金融中介服务、风险管理服务和流动性转换服务。

在测算金融中介服务产出时,是否包括自有资本投资所获利息收入一直是争论的焦点。SNA(1968)及 SNA(1993)均表示在间接测算 FISIM 时,必须扣除它们利用自有资本投资所获得的财产收入。SNA(2008)却否认了之前的观点,认为在测算 FISIM 产出时,所有的存款和贷款都应包括在内,无论资金是来自存款余额还是自有资金,它们都要支付相同的利率并得到相同的服务。所以,金融中介机构提供的所有存贷款服务都要被默认为收取了间接服务费。

四、FISIM 的核算方法

以下以时间为主线,对 FISIM 产出核算的历史方法与最新改进的方法进行简要分析说明。

(一) 利息收支差法

因对 FISIM 生产范围考察不明,SNA 曾长期使用利息收支差法来核算金融中介产出,即用其他金融中介机构以及存款企业的利息总收入与利息总支出之差作为金融中介服务的产出。

SNA(1953)第一次提出以"虚拟服务费"的形式对金融中介服务产出进行间接计量,用银行的投资收益减去支付储户的存款利息来测算虚拟服务费,这种处理虽不会改变银行或其他企业收入,但由于住户的最终支出包括住户消费的银行虚拟服务,从而导致 GDP 的高估。SNA(1968)提出用"估算的服务费用"作为金融中介服务总产出,基于"(显性的)服务收入仅为金融机构的小部分收入,金融机构的大部分活动是财产收入扣除财产支出的余额支付以及(存贷款)利息是财产收入。"解释了隐性收费金融服务对金融机构增值的贡献。同时提出,利用自有资金投资所获得的利息收入不应计入金融中介服务产出。

由于服务费用与金融机构的存贷款利息收支相关,而利息伴随着金融机构存贷活动产生,SNA(1993)认定这项服务的本质是"为获取金融资产而发起金融负债"的金融中介服务,即"间接测算的金融中介服务(FISIM)"。SNA(1993)虽对 FISIM 生产范围进行了分析,但仍沿袭 SNA(1968)的核算方法,"以利息收入为主的应得财产总收入扣除应付利息总支出"核算金融中介服务产出,并再次强调从应获总收入中"扣除凭借贷出自有资金获得的财产收入"。如果使用 r^A 和 A 分别表示贷款利率和贷款存量,使用 r^D 和 D 分别表示存款利率和存款存量,那么以利息收支差法核算的 FISIM 产出 Y 表示为:

$$Y = (r^A \times A) - (r^D \times D) \qquad (2-1)$$

尽管利息收支差法实际操作非常方便,但是贷款存量等于存款存量是利息收支差法的理论前提,即要求存款资金和自有资金的总和完全用于贷款,不能出现未贷出去的贷款资金或者自有资金的情况,而这种要求在金融机构运营现状中几乎达不到,SNA 随之对于利息收支差法进行了进一步改进。

(二)基本参考利率法

SNA(1993)已知悉 FISIM 本质为金融中介服务,从而将 FISIM 的生产范围与中介服务生产范围等同起来,确定为"使资金在存款者和贷款者之间流通"的金融中介服务。首次引入"参考利率"这一概念,如果使用 r^A 和 A 分别表示贷款利率和贷款存量,使用 r^D 和 D 分别表示存款利率和存款存量,以 rr 表示参考利率,那么以参考利率法核算的 FISIM 产出表达式为:

$$Y = (r^A - rr) \times A + (rr - r^D) \times D \qquad (2-2)$$

SNA(1993)将参考利率定义为"最大限度地消除风险溢价且不包含任何中介服务费率的资金借贷纯成本",贷款者必须支付的使用者成本为贷款实际收益率 r^A 高于参考利率 rr 的部分 $(r^A - rr)$,存款者须支付的使用者成本为存款实际收益率 r^D 低于参考利率 rr 的部分 $(rr - r^D)$。因此,贷款者贷出全部贷款 A 向金融机构支付的 FISIM 服务费为 $(r^A - rr) \times A$,存款人存入全部存款 D 向金融机构支付的 FISIM 服务费用为 $(rr - r^D) \times D$。

SNA(1993)推荐的参考利率为无风险、短期限的利率,即 $rr = r^P$(r^P 为无风险收益率),在实际操作中,建议选择银行间同业拆借利率、中央银行贷款利率。基于此种参考利率选择的参考利率法称为基本参考利率法(Basic Reference Rate Approach,简称 BRRA)。模型表示为:

$$Y = (r^A - r^P) \times A + (r^P - r^D) \times D \qquad (2-3)$$

由于面临风险,金融工具持有者往往能获得高于无风险利率的额外回报,这部分回报被附加在金融工具利率之中,被称为"风险溢价"。如果设贷款中介服务费用率为 r^{IA}、存款中介服务费用率为 r^{ID},那么由式(2-3)变形可写为:

$$\begin{aligned} Y &= (r^A + r^{IA} - r^{IA} - r^P) \times A + (r^P + r^{ID} - r^{ID} - r^D) \times D \\ &= (r^{IA} \times A + r^{ID} * D) + [(r^A - r^{IA} - r^P) \times A - (r^D + r^{ID} - r^P) \times D] \end{aligned} \qquad (2-4)$$

式(2-4)中,前一项 $(r^{IA} \times A + r^{ID} \times D)$ 为金融机构从事纯粹金融中介服务产出,后一项 $[(r^A - r^{IA} - r^P) \times A - (r^D + r^{ID} - r^P) \times D]$ 为金融机构获得的风险溢价收入与支付的风险溢价成本净额。由于风险溢价常常被视为金融机构的财产收入或转移收入,BRRA 便存在一个显著的问题就是将部分性质并不为服务费用的风险溢价归为 FISIM 产出,致使核算趋于高估。

(三)风险与期限调整参考利率法

2008 版 SNA 阐述"金融中介机构不仅是其他机构单位的融资中介,更是通过在自身账户引致负债而处于风险境地"表明其具备"风险承担"特征。基于此,2008 版 SNA 在遵循参考利率法的同时,通过规定"参考利率应不考虑服务因素,而要反映存贷款的风险水平和期限结构",将 FISIM 产出方法修订为"风险与期限调整参考利率法"(Risk-adjusted Reference Rate Approach,简称 RRRA)。此方法对 BRRA 的 r^P 进行调整,RRRA 的基本模型为:

$$Y = (r^A - rr^{FA}) \times A + (rr^{FD} - r^D) \times D \qquad (2-5)$$

其中,rr^{FA} 表示"风险调整贷款参考利率",rr^{FD} 表示"风险调整存款参考利率"。与 BRRA 模型中的 r^P 相比，rr^{FA} 在不包含服务要素的同时还需要体现金融机构因承担贷款违约风险而获得的风险收益率 rr^{SY}，rr^{FD} 在不包含服务要素的同时还需要体现金融机构为转移违约风险而支付的风险成本率 rr^{CB}，即 $rr^{FA} = r^P + rr^{SY}$、$rr^{FD} = r^P + rr^{CB}$。对式(2-5)进一步调整得：

$$Y = (r^A - rr^{FA}) \times A + (rr^{FD} - r^D) \times D = (r^A - r^P - rr^{SY}) \times A + (r^P + rr^{CB} - r^D) \times D$$

$$= (r^A + r^{IA} - r^{IA} - r^P - rr^{SY}) \times A + (r^P + r^{ID} - r^{ID} + rr^{CB} - r^D) \times D$$

$$= (r^{IA} \times A + r^{ID} \times D) + [(r^A - r^{IA} - r^P - rr^{SY}) \times A - (r^D + r^{ID} - r^P - rr^{CB}) \times D] \quad (2-6)$$

与式(2-4)相比，式(2-6)剔除了作为转移性收入或财产收入的风险溢价部分 ($rr^{SY} \times A - rr^{CB} \times D$)，而保留支付风险管理服务部分 $[(r^A - r^{IA} - r^P - rr^{SY}) \times A - (r^D + r^{ID} - r^P - rr^{CB}) \times D]$。

综上所述，间接测算的金融中介服务产出核算方法在 SNA 各版本中经历了一个不断发展变化的过程，表 2-1 归纳了几个版本之间的变化特点。

表 2-1　金融中介服务核算在 SNA 中的演进

SNA 版本	定　义	核算主体	核算客体	核算公式
SNA(1953)	虚拟服务费	商业和存款银行及相似的金融机构	财产收益	投资收益-存款利息
SNA(1968)	估算的服务费用	商业和存款银行，存款和贷款协会，相似的金融机构	财产收益，不包括自有资金的收入	所有贷款利息收入+利用存款投资所得收入-所有存款利息支出

（续表）

SNA 版本	定 义	核算主体	核算客体	核算公式
SNA(1993)	间接测算的金融中介服务	中央银行,其他存款公司,保险机构和养老基金以外的其他金融机构	金融工具纯粹金融中介服务＋风险溢价	金融中介机构应收的财产总收入－存款应付的总利息－用自有资金投资所得财产收入
SNA(2008)	间接测算的金融中介服务	中央银行,中央银行以外的存款性公司,保险机构和养老基金以外的其他金融机构	存贷款纯粹金融中介服务、风险管理服务和流动性转换服务	(贷款利率－参考利率)×贷款总额＋(参考利率－存款利率)×存款总额

第二节 FISIM 核算中关于参考利率的研究及国际经验

如何合理选择和确定参考利率一直是各国 FISIM 核算面临的难题。本章主要对选择参考利率的基本思路、参考利率的确定方法、欧美等发达国家的实践情况以及中国有关参考利率的理论研究进行考察。

一、参考利率选择的基本原则

提供金融服务的传统方式是通过金融中介机构。它是指这样一个过程:金融机构(如银行)向拥有闲置资金并希望从中获取利息的单位吸收存款,并将这些存款借给那些资金不足以满足其需求的单位。银行通过这种方式提供了一个机制,使得第一家单位可以借款给第二家单位。双方都向银行支付服务费,贷出资金的单位获得的利率要低于借款单位支付的利率,存贷利差中即包含了银行向存款人和借款人收取的隐含费用。

从这一基本思路出发,可以引出"参考"利率的概念。根据 SNA(2008)提供的 FISIM 核算框架,可以给出 FISIM 的核算公式为:

FISIM=存款服务费收入+贷款服务费收入

存款服务费收入=存款总额×(参考利率−存款利率)

贷款服务费收入=贷款总额×(贷款利率−参考利率)

由核算公式知,参考利率的选择乃是 FISIM 核算的关键,然而目前国内外尚未就参考利率的确定达成统一意见。

SNA(1993)认为在金融市场条件下,建议采用银行间拆借利率或中央银行贷款利率作为参考利率;SNA(2008)则建议银行间主要的借贷利率作为参考利率;一些国际组织,如经济合作与发展组织(OECD)、联合国欧洲经济委员会(UNECE)和欧共体统计署(EUROSTAT)等建议采用银行同业拆借利率与债券收益率的简单平均数。

参考利率的选择出现过三种具有代表性的观点:第一种提出采用无风险且期限较短的参考利率,例如银行间拆借利率;第二种是根据期限结构制定两种参考利率,一个针对短期、安全的存款,另一个针对长期、具有风险的贷款;第三种是相对比较折中的观点,参考利率可以采用存款与贷款利率的平均值,但要计算包括短期和长期交易的加权利率。

根据参考利率与期限的关系,参考利率又分为单一参考利率与多参考利率。第 57 届国际统计学会(ISI)对单一参考利率和多参考利率做了综述。单一参考利率认为 FISIM 包括所有贷款的风险收益和期限溢价,而多参考利率使用与风险、期限匹配的参考利率,这种方法意味着 FISIM 完全排除贷款风险溢价和期限溢价。

参考利率的确定主要沿着四个思路来考虑。第一,不含服务费用;第二,是否包含风险因素;第三,能否反映计算的金融资产和金融负债的期限结构;第四,要代表一段时期整个社会的普遍财产收益率。从而就有了单一参考利率与多参考利率之分,也就有了与风险和期限结构相匹配的参考利率。

二、参考利率选择的难点

对于采用单一参考利率还是多参考利率,此问题争论的本质并不在于金融服务本质的界定,而在参考利率是否应该包括贷款的信用违约风险收益和期限溢价。单一参考利率认为FISIM包括所有贷款的信用违约风险收益和期限溢价,而多参考利率使用与信用风险、期限匹配的参考利率,这种方法意味着完全排除贷款信用违约风险溢价和期限溢价。

SNA(2008)指出金融服务的生产是"金融中介""金融风险管理""流动性转换"或辅助金融活动的结果。但是风险管理和流动性转换能否作为FISIM所含服务的构成还存在争议。

(一)金融中介机构的风险管理活动是否应该在FISIM中反映

不同程度的违约风险是否应该包括在FISIM的服务因素中,高风险客户是不是应该支付高服务费?关于这个问题形成了两个截然不同的观点。一种观点,FISIM应该包含风险溢价,因为它可以视为弥补风险管理活动产生的费用,也可以视为针对特定风险购买的保险。另一种观点,风险溢价应该从FISIM中分离出来,因为它不代表对服务的支出,而仅仅是分配范畴。

支持第一种观点的学者认为在计算FISIM时,参考利率不应与贷款资产的风险组合相匹配,从而允许金融工具的风险组合影响金融服务产

第二章 国内生产总值核算:债券收益率曲线在金融中介服务产出(FISIM)核算中的应用

出的现行价格。例如,Marshall Reinsdorf(2011)认为金融中介机构是商业信贷的重要渠道之一,其他融资方式往往不能替代银行贷款。如果对贷款者来说,银行贷款与债券等融资方式相比是必不可少的选择,那么产出包括风险溢价就是合理的。Herman Smith(2011)认为不仅资金的借贷是一种生产性活动,而且风险管理也是一种生产性活动,风险溢价可看作金融机构进行风险管理活动的报酬,因此属于金融机构的产出。

第二种观点的特征是将参考利率与贷款资产的风险组合相匹配,即将风险溢价转移到与之匹配的参考利率中,这有效地消除了贷款利率中的风险溢价,从而将风险溢价从 FISIM 中分离出来。就目前的测算方法,FISIM 产出包含了对违约风险的支付,有点类似于非人寿保险服务。然而 Antonio Colangelo and Robert Inklaar(2012)主张参考利率应该与存贷款的风险特征相匹配,而不是目前统计部门使用的单一的、低风险的参考利率。这个方法与目前的方法相比,使欧元地区银行产出平均降低 28%~54%,这意味着,欧元地区的 GDP 平均被高估了 0.11~0.18 百分点。Wolfgang Eichmann(2011)认为如果 FISIM 包括风险溢价,就必须承认风险活动的价值,而承担风险的结果可能是积极的也可能是负面的或是零,一旦是负面的,就会否定风险活动的生产价值(风险活动的生产价值被定义为≥0),这是不可能的。Marshall Reinsgorf(2011)认为如果计算 FISIM 的贷款利率中包括风险溢价成分,对于融资企业来讲,当融资来自银行而不是股本或债券时,那么企业增加值的估计值将变小,但是,不论企业采用何种融资方式,企业生产所创造的增加值应该不变。为了避免违反这一原则,必须把贷款中风险溢价部分作为财产收入。

(二) 金融机构的流动性转换是否应该在 FISIM 中反映

将短期存款转变成长期贷款是金融中介固有的功能,这种期限结构的差异是否要反映在 FISIM 计算中? 有关这个问题以参考利率的选择为特点,也形成了正反两种观点。用一套与期限匹配的参考利率代替单一参考利率,通常所产生的影响是减少了归属于长期贷款和短期存款的 FISIM 数额,并导致银行提供的流动性转换服务从 FISIM 产出中排除。

第一种观点认为应该在 FISIM 中包含流动性转换因素,在这种情况下,没有必要通过期限结构计算参考利率,从而参考利率不需要与每个特定金融工具的期限结构相匹配,这意味着金融工具的期限结构影响当前价格的金融中介产出。第二种观点则同意从 FISIM 中排除流动性转换因素,推荐使用与存贷款资产的期限结构相匹配的参考利率,这就需要选择与期限结构相关的不同参考利率,从而将期限溢价从中排除。

近几年,诸多学术研究和统计机构致力于该话题的讨论,Herman Smith(2011)认为不应该包括流动性转换,主要是出于两方面原因:第一,期限溢价反映了对未来利率的假设,但也作为投资者长期投资的一种补偿,包括价格不确定性所增加的风险,与银行提供服务无关;第二,如果将流动性转换看成是金融中介服务产出,则会改变银行的活动性质,银行宁愿利用利率互换规避期限风险而不是通过转换金融工具的期限,这又引发争论,利率互换利差也应该从 FISIM 产出中排除。Wang et al(2008)也认为不应该包括流动性转换,并从资金机会成本的角度提出了从 FISIM 产出中剔除流动性转换和风险溢价的方法。这个方法被 Basuetal(2011)应用于美国,在欧洲地区,欧洲央行也支持在官方统计中采纳此方法。

然而也有学者支持第一种观点,例如 Chihiro Sakuraba(2011)指出将短期存款转换成长期贷款是金融中介服务最普通的功能,期限风险溢价取决于产量曲线,是金融中介无法控制的。并且从投入劳动和资本的角度,提供流动性转换应该是一种服务,必定有要素参加了生产。

(三)选择单一还是多个参考利率

参考利率与风险、期限结构的关系,实际就是选择单个或多个参考利率的问题。SNA(1993)理论上建议使用一个参考利率,它的主要特征是零风险。如果其他情况不变,就没有必要确定多个零风险利率。但是,有些经济学家(Fixler and Ziesehang,1999)提出异议,认为资产的到期结构不同,则可能会存在多个零风险利率。这样五年到期与十年到期的零风险利率是不同的,从而就会有不止一个参考利率,计算不同种类的资产和负债的使用成本时,就要使用与这种资产或负债到期结构相匹配的参考利率。另一可选的方案是计算一个代表全国所有金融工具零风险的平均参考利率,在计算使用成本和产出时都使用该单一的平均利率。

第57届ISI(国际统计大会)对FISIM计算方法进行综述,主要围绕单一参考利率和多个参考利率的选择问题,多个参考利率强调从FISIM的计算中排除风险成分,认为只有中介服务应该被记录在生产账户,借入成本和风险溢价应该被记录在收入账户,金融中介服务产出仅涉及金融信息的处理和交易,例如账户和咨询服务等其他专业服务,而与风险相关的收入不应该被看作金融中介机构服务产出。

通过上述的研究内容可以发现,参考利率的确定在核算理论与实践中都不可能是一蹴而就的事情,特别是有关期限、风险与参考利率的关系问题,至今没有定论,对各种参考利率进行期限与风险的检测也是解决期限与风险争论的无奈之举。现在能做的事情就是理论上积极探讨比较完善的参考利率确定方法,实践中检测和比较各种方法的优劣。

三、参考利率选择的国际经验

由于国情以及核算条件等差异,选择参考利率没有统一的标准,不同国家在计算 FISIM 时对于参考利率的选择也不尽相同,一般根据本国国情和数据的可获得性来选择合适的参考利率。国际发达经济体以及相关国际组织对于 FISIM 核算方面的研究起步较早,研究时间长且理论与实践发展较为完善,下面将介绍目前比较有影响力的参考利率选择方法,为中国参考利率的选取提供参考。

(一)欧盟参考利率的选择

在欧盟国家,FISIM 的生产仅限于金融机构部门中的两个子部门,分别为其他存款机构和养老金及保险以外的其他金融中介机构。FISIM 的计算不考虑中央银行,虽然中央银行也涉及存贷款业务,提供原则上的金融中介服务,但如果采用与其他金融中介相似的测算方法,其产出估算结果会与实际出入很大甚至可能为负值,因此 FISIM 的核算不考虑中央银行,中央银行产出也不在使用部门间进行分配。此外,由于对债券等其他金融工具的利息率难以控制,欧盟国家的 FISIM 的产出和使用仅与存款和贷款有关。

随着核算理论研究的深入,欧盟成立一个专家组对 ESA(1995)体系不完善的部分进行了修改,并在 1998 年 2 月 16 日制定公布了 448/98 规章,以确定参考利率,该规章采用的 1995 到 2001 年的数据是在各成员国进行试算的基础上形成的,2002 年 10 月 23 日正式使用。

448/98 规章详细说明了两种参考利率的选择:各个国家用于分摊国

第二章 国内生产总值核算:债券收益率曲线在金融中介服务产出(FISIM)核算中的应用

内存贷款的参考利率和用于 FISIM 进出口的国外参考利率。不区分金融工具的类型和期限结构,两种利率都代表平均利率,反映国内金融中介机构之间的借贷活动和国内与国外金融机构之间的借贷活动,国内参考利率与国外参考利率显然是不相等的,根据 448/98 规章,有四种方法用于确定国内参考利率。

方法(1):参考利率等于本国常住单位同业拆借贷款应收利息除以本国常住单位同业拆借贷款存量。由此方法计算所得结果相当于银行间的拆借利率,由于银行间拆借利率不含中介服务费,是建议的测量参考利率的指标。其以跨行交易为基础,通过金融机构的平衡表计算。该方法计算比较直接,并且用户也容易理解。但是该方法也有明显的缺点:第一,银行间拆借利率往往期限较短,而 FISIM 产出还包含有大量的长期存贷款服务费,对于长期存贷款采用该参考利率难免会出现误差;第二,这种利率在理论上不含中介服务费用,但事实并非如此。金融中介机构之间除了存贷款业务往来,还有其他类型的业务往来,这类业务破坏了此利率原有的性质。

方法(2):参考利率可以用以下公式表达:

参考利率=(常住单位同业贷款利息收入+金融中介机构发行的非股票证券利息)/(常住单位同业贷款余额+金融中介机构发行的非股票证券余额)

由此公式可以发现,该参考利率实际就是银行间同业拆借利率与非股票证券利率的加权平均。这种方法克服了方法(1)的缺陷,与方法(1)的区别在于包括证券的利率,可以适用于期限更广的交易。这里需要选择无风险证券以防止风险因素扭曲了所选择的利率。可以选择国债利率的合成指数或者金融中介机构发行的非股票证券利率来计算参考利率,这两个利率基本上都不含风险因素。

方法(3):对长短期存贷款使用两种不同的参考利率。对短期存贷款按方法(1)确定参考利率;长期存贷款的参考利率采用金融机构发行的长期非股票证券利率的加权平均值。这种方法避免了方法(1)过分倾向短期利率的缺陷和方法(2)中暗含风险收益的缺陷,但该方法实际中使用较少,主要是划分存贷款的长短期比较困难。

方法(4):参考利率可选择以下三种加权平均利率。

第一,金融中介机构与其他部门(除央行外)往来的所有存贷款利率的加权平均值;

第二,金融中介机构之间及金融中介机构与其他部门之间(除央行外)所有往来的存贷款利率的加权平均值;

第三,金融中介机构之间,以及金融中介机构与其他部门之间(除央行外)所有往来的存贷款利率和金融中介机构发行的非股票证券利率的加权平均值。

方法(4)的优点在于通过加权平均利率,降低了利率中所包含的非系统性风险,使参考利率的波动性降低。该方法计算参考利率的主要缺点是数据需求量大,并且该方法得出的参考利率往往不具有实际经济含义。

(二)美国FISIM核算以及参考利率的选择

美国FISIM核算经历了改革发展过程,2003年以前,美国采用利息收入净额对FISIM总值进行测算,但将FISIM全部分配给存款者,并根据不同机构部门的存款比例在各部门间作进一步分配。为了与SNA(1993)处理相一致,2003年颁布的国民收入和生产账户综合修订对商业银行的

FISIM 核算概念和方法进行了修改,目前,美国商业银行 FISIM 核算采用的是修订后的处理办法。

在美国,FISIM 的核算主体主要是商业银行、储蓄和信贷机构、信用社、被监管的投资公司等金融机构。FISIM 的核算也考虑联邦储蓄银行,因为联邦储蓄银行也从事一些信贷业务,其金融中介产出采用与商业银行等金融中介机构相同的方法测算,其 FISIM 需要在各使用部门间进行分配。相比欧盟 FISIM 的核算仅限于存款和贷款,美国的 FISIM 总量反映了所有含金融资产和负债提供的间接测算的服务产出,包括存贷款、联邦资金和回购协议、国债和美国机构证券等。

美国的参考利率是从使用成本角度测算的,以美国国债和联邦机构证券的单位利率作为参考利率,该单位利率等于每年从国债和联邦机构证券(除抵押担保证券)所获利息收入除以资产负债表中这些证券的账面价值,并且包括短期和长期债券。美国国民账户所采用的参考利率来自期限略长的有价证券。

(三)葡萄牙参考利率的选择

欧共体统计署(EUROSTAT)介绍了欧洲目前考虑到的各种用于计算 FISIM 的参考利率,特别值得注意的是葡萄牙银行提出的参考利率的选择,葡萄牙银行以欧元银行同业拆借利率(EURIBOR)和利率互换的基准利率(ISDAFIX)作为参考利率分别用于短期和长期资产负债。作为欧洲工作组的成员之一,葡萄牙银行建议对短期和长期存贷款 FISIM 分别计算,分别使用 EURIBOR 和 ISDAFIX 作为参考利率。葡萄牙银行也积极采用 EURIBOR 和 ISDAFIX 的加权平均作为参考利率,使用存贷款存量数额作为权数,该方法还在检测阶段。

加权平均参考利率 = (EURIBOR×W_0) + (ISDAFIX×W_1)

W_0 = 存贷款存量（期限≤1年）/存贷款存量总额

W_1 = 存贷款存量（期限>1年）/存贷款存量总额

$W_0 + W_1 = 1$

葡萄牙支持选择 ISDAFIX 作为长期交易的参考利率，它类似于 EURIBOR 或者伦敦银行同业拆借利率，很多货币都存在相似的指标，然而一些工作组的成员更喜欢使用政府债券和公司债券利率替代 ISDAFIX。

葡萄牙的计算结果显示，使用长短期两个参考利率与加权参考利率计算的存贷款 FISIM 产出基本上是一致的。然而，这两种方法将 FISIM 分配给用户部门时有细小差别，与欧洲银行现行的方法比较，这两种方法计算的贷款 FISIM 的价值平均起来较低，并有很小的波动，而存款 FISIM 的价值平均较高，这解决了 FISIM 持续为负值的问题。

（四）其他国家参考利率的选择

荷兰统计局在进行核算时，所使用的参考利率是单一参考利率，它是各种市场利率的加权平均，具体包括以下几种利率：对短期贷款采用3个月的欧元区银行同业拆借利率，对长期贷款采用最新10年期政府债券利率，对短期存款采用欧元区活期存款利率，对欧元形式的长期存款采用3个月的欧元区银行同业拆借利率，而其他货币形式的长期存款采用3个月的欧元区银行同业拆借利率和3个月欧元对美元存款利率的平均值。所采用的权数是各种贷款和存款的平均余额，并且只考虑银行的资产和负债的余额，该余额是指银行向其他银行借款或银行持有其他银行的存款，其来源是部门账户。

日本经济计划部国民经济核算司提出采用贷款利率的加权平均值和

存款利率的加权平均值的简单算术平均值作为参考利率;加拿大使用的参考利率是存款和贷款的平均利率;韩国使用的参考利率是贷款利率加权平均值和存款利率加权平均值的简单均值;世界银行、国际货币基金组织、联合国统计司和欧盟统计署等国际组织认为可采用银行间同业拆借利率与债券收益率的简单平均数作为参考利率。

(五)用资金成本法计算参考利率

国际货币基金组织(IMF)建议用资金成本的方法来确定参考利率,该方法利用资产负债表上所有负债的成本决定所有金融资产参考利率。主要思想是认为参考利率等价于银行客户资金的机会成本。资金成本法需要针对存款和贷款确定两个参考利率,数值可以相等也可以不等,但是要求必须包括金融机构部门投资者的风险补偿。与贷款相对应的参考利率选取的基本原则是,要低于资产平均收益率,又要使计算出的 FISIM 足够大,可以覆盖掉全部生产成本,以保证金融中介机构的增加值为正。

为了更好地了解资金成本法,我们需先了解 FISIM 的产出核算。FISIM 主要通过存款和贷款来近似测算金融中介服务产出。存款 FISIM 主要用于测算金融中介机构从存款者获取的价值,即存款 FISIM =(存款参考利率-存款利率)×存款余额。贷款 FISIM 是衡量贷款发行机构的资金机会成本,包括其向贷款者收取的服务费,即贷款 FISIM =(贷款利率-贷款参考利率)×贷款余额。该方法所定义的资金成本就是其负债组合的平均成本。如果存款是贷款发放机构唯一的资金来源,则其单位资金成本就是吸收存款产生的成本,也就是存款参考利率=贷款参考利率。

在实际情况当中所有的金融机构都会利用自有资金来获取收益,即贷款的来源可能不仅局限于存款。所以 FISIM 产出与生产这些服务的成本存在差异,这些服务成本包括:中间消耗、人力成本、生产税及非金融资产,自有资金所有者在金融公司的股权价值就是资本,一般理解为SNA中的权益和SNA中净值的总和,在支付成本费用后即为所有者的利润。金融机构将金融资金转换成金融产品的过程,扮演两个角色,一是作为资金转换的供应商,二是作为风险承担者。自有资产作为剩余价值的索取者要承担额外的风险,往往比债务性资本要求更高的风险溢价。

在负债参考利率确定的基础上,我们可以应用金融公司账户的两个事实决定贷款的参考利率。第一,产出必须包括存款、债券、所有者权益等所有成本。第二,贷款参考利率是该机构的平均资金成本,包括股权融资成本。

下面通过数学推导的形式将以上参考利率的确定过程给予阐释。(所有的符号代码来自SNA<2008>附录1)按照惯例,这里用 r 表示利率或者收益回报率,并用下标对应相关的资产负债,rr 作为机构的资金成本和资产参考利率。

表2-2 符号的意义

概念	流量	负债	资产
产出(现价总产出)	P1		
价格	P		
数量	y		
中间消耗	P2		
劳动者报酬	D1		
其他生产税	D29		
固定资本消耗	-P51c		
非金融资产			AN
金融工具		AFL	AFA

(续表)

概念	流量	负债	资产
存款		AF2DL	AF2DA
债券		AF3L	AF3A
贷款		AF4L	AF4A
股本		AF5CL	AF51A

有了这些前提准备,如果以收入=支出来建立方程,就可以得到公式:

$$p'y + r'_{AFA}AFA = P2 + D1 + D29 - P51c + r'_{AFL}AFL \qquad (2-7)$$

此方程的含义是金融机构的直接产出加上金融资产利息收入等于中间消耗与劳动者报酬、生产税、生产性非金融资产折旧和利息负债的其他财务支出之和。其中 r_{AFA} 代表贷款利率向量的转置,r_{AFL} 代表存款利率向量的转置。

进一步将公式(2-7)转换成产出=投入的形式,将右边的存款乘以存款利率移到左边,然后两边减去金融资产乘以金融资产的参考利率,两边再同时加上金融负债乘以负债的参考利率,经过简单移项就可以得到公式(2-8)。

$$p'y + r'_{AFA}AFA - r'_{AFL}AFL + r'_{AFL}AFL - r'_{AFA}AFA$$
$$= P2 + D1 + D29 - P51c + (r'_{AFL}AFL - r'_{AFA}AFA) \qquad (2-8)$$

整理得式(2-9)

$$p'y + (\widehat{r}_{AFL} - r_{AFL})'AFL + (r_{AFA} - \widehat{r}_{AFA})'AFA$$
$$= P2 + D1 + D29 - P51c + (\widehat{r}_{AFL}AFL - \widehat{r}_{AFA}AFA) \qquad (2-9)$$

公式(2-9)左边是两个差额和直接服务费,其中 $\widehat{r}_{AFA}$ 代表了金融资产的参考利率，$\hat{r}_{AFL}$ 代表了金融负债的参考利率。向量 $\hat{r}_{AFL} = r_{AFL}$ 的大多数元素可能是 0，意味着对于大多数负债，不提供以低利率的形式出现的实物服务回报，实际上例如债券融资 AF3L、自有资本 AFCL 在很多时候都为 0。如果除了存款负债以外，其他负债利差为 0，就与 SNA（2008）中 FISIM 涉及的负债只与存款有关相吻合。同样如果在 FISIM 的表达式中非贷款金融资产的资产服务的利差均为 0，则 FISIM 的金融资产范围也只包括贷款。

等式 2-9 左边即为总产出 $P1$，具体包括直接产出 $p'y$、存款 FISIM 和贷款 FISIM；等式右边即为总成本，总成本的组成包括中间消耗、雇员报酬、其他生产税、生产性非金融资产折旧和净金融资本（包括自有资本）。从资金成本法的定义出发，资产参考利率 rr 是资金平均成本，所以可得出公式（2-10）与（2-11）：

$$\hat{r}'_{AFL} AFL = rr(\tau' AFL) \qquad (2\text{-}10)$$

$$\hat{r}'_{AFA} AFA = rr(\tau' AFA) \qquad (2\text{-}11)$$

τ 为单位列向量将式（2-10）、式（2-11）带入式（2-9）整理得：

$$rr = \frac{p'y + (\hat{r}_{AFL} - r_{AFL})' AFL + r'_{AFA} AFA - (P2 + D1 + D29 - P51c)}{\tau' AFL}$$

$$(2\text{-}12)$$

从这个公式可以看出，资产参考利率或者资金成本恰好涵盖了所有的生产成本，其值等于直接测算的产出加上负债，加上金融资产利息，减去中间消耗、雇员报酬、生产税与折旧的总和，再除以总负债。

第三节 债券收益率曲线在我国 FISIM 核算中的应用实例

与发达国家及国际组织相比,中国有关金融服务核算研究起步较晚。1985年,根据国务院《关于建立第三产业统计的报告》,我国才开始核算服务行业增加值,金融服务业的核算实践也是从那时开始的,所以核算方法远落后于欧美等经济发达国家以及世界银行、经济合作发展组织、联合国统计司等国际组织。经过多年的改进,到目前为止,中国 FISIM 核算在理论和实践上均有显著发展,逐步与国际接轨。但受核算基础薄弱等因素制约,金融服务核算尤其是 FISIM 核算,无论在理论上还是实践中都存在很大缺陷。本章主要就中国核算现状及存在的若干问题进行考察和分析,并进一步探讨改进完善的措施。

一、中国 FISIM 核算现状

关于 FISIM 总量的测算,最早是根据 2002 年中国国民经济核算体系的规定,采用了 SNA(1968)和 SNA(1993)的方法,用利息收支差法对 FISIM 总值进行测算,并适当变通,即 FISIM 总值等于"利息收入+投资收益+租赁收益+金融机构往来收入-利息支出-金融机构往来支出",并没有对利用自有资金所获得的财产收入进行扣除。当存贷款差额为零或大致为零时,净利息收支差近似等于金融中介服务产出。此方法的使用前提是存贷款总额要大致相等,而中国的实际情况是存贷款总额并不相等,并且目前"存贷差"有日渐扩大的趋势。因此,用利息差测算 FISIM,会低估 FISIM 总值。

我国 FISIM 核算在《中国国民经济核算体系 2002》框架下一直采用的是利息收支差法,SNA2008 出台以后,我国 FISIM 核算逐渐过渡到参考利率法。继第二次经济普查之后,2009 年我国采用参考利率法对 FISIM 进行了试算,2010 年起参考利率法被纳入非经济普查年度国内生产总值核算方法,进而被正式写入《中国国民经济核算体系 2016》。《中国国民经济核算体系 2016》采用了与 SNA(2008)一致的方法计算间接计算金融中介服务(FISIM)产出,并建议用参考利率法计算 FISIM 产出,核算范围是金融机构的所有贷款和存款。实施参考利率法的关键是参考利率的选择和确定,然而受金融市场发展的制约,参考利率的选择存在困难,国内外尚未统一意见,目前在中国的使用还在探索中。

我国统计核算制度一直处在不断变动和完善中,经过改进调整,中国 FISIM 核算在理论和实践上均有发展,与国际标准日渐一致。2004 年以来,中国新的金融业总产出核算方法在 FISIM 核算范围、总量以及具体分摊上仍在不断探索,但金融业总产出的核算方法就概念体系而言已初步实现了与国际通行方法的接轨,接下来,应该不断完善中国 FISIM 的核算方法,为中国金融业增加值指标进行国际比较提供基础。

二、参与检测的参考利率与数据来源

目前中国正在探索使用参考利率法进行生产核算,并积极研究参考利率的确定方法,寻找适合中国的参考利率。中国学者将欧盟与国际工作组在会议上同意探索的选项与中国利率体系结合起来,积极探讨各种参考利率的确定方法,最终建议在期限差异的情况下对国内金融机构检测用5种方法。

1.单一的参考利率

参照SNA(1993)的做法,选择单一银行间同业拆借利率作为参考利率,不区分金融工具的种类和期限。

中国银行间的拆借利率有两种,Chibor(中国银行间同业拆借利率)由央行在1996年推出,该利率由银行间融资交易的实际交易利率计算得出,而银行间融资活动颇为清淡,Chibor自然无法代表整个市场。Shibor(上海银行间同业拆放利率)的形成机制同国际通行的如出一辙,为各银行报价均值,也是央行公开强调要大力培育的市场基准利率,但由于Shibor经常因大盘新股发行等原因而出现大幅度波动,虽然大盘新股发行从2016年就改为按市值申购,但历史数据仍受影响,所以两者均不适合作为单一参考利率。

SNA(1993)给参考利率下了一个明确的定义:参考利率代表借入资金的"纯成本",也就是说它是一种尽最大可能剔除风险成本和不含任何中介服务费的利率。根据SNA(1993)对参考利率的界定,笔者认为国债利率是一种相对较好的选择,因为国债利率具有以下两个特点:一是国债以国家信用作保证,向来被投资者称为"金边证券",几乎不存在风险成本。二是国债基准利率的确定是在参考同期存款利率水平、预期将来的利率水平、预期通货膨胀率的基础上制定的,国债基准利率不含任何中介服务费。虽然现在国债很多通过金融市场进行交易,委托某一金融机构进行上市和退出,受委托方会收取中介服务费,但这种服务费并不包含在国债基准利率中。从这两方面看,国债利率比较符合SNA(1993)对参考利率的界定,因此,采用国债利率作为参考利率是比较合适的选择。国债收益率分为交易所国债收益率和银行间市场国债收益率,然而交易所国债收益率容易受股票市场和各种突发性因素的影响。因而,银行间国债收益率是单一参考利率更恰当的选择。此处选择由中债金融估值中心编制的中债国债收益率(隔夜)作为单一参考利率,中债国债收益率曲线样本包括记账式附息国债和记账式贴现国债,数据容易获得且来源全面真实,可以反映市场无风险利率水平。

2.两种参考利率

将金融中介机构的存贷款分为短期和长期,并分别选择一个与之相对应的参考利率,不区分金融工具,这样划分的目的是在参考利率的选择上体现期限的差别,但是为了问题处理的简单,并没有匹配到每一种期限,仅仅是比较粗地分为长期和短期。即使这样,实践中,划分短期与长期也是比较困难的。

FISIM工作组提议使用货币市场利率(银行间拆借利率)针对短期业务,互换利率针对长期存贷款。但是在中国不能简单套用,需要分析具体情况。对于银行间拆借利率的缺陷上述已经分析过了,至于互换利率,中国是从2006年开始试点,2008年才正式实施,可获得的样本数据也非常有限。所以这两种利率并不能代表中国长短期利率。

财政部一般把1年、3年、7年、10年作为国债关键期限,上述期限国债是发行的重点,发行量大,交易活跃,数据更加准确。市场投资者广泛认可的中国债券信息网发布的国债收益率曲线选择的关键期限是:2m、3m、6m、9m、1y、2y、3y、5y、7y、10y、15y、20y、30y(m代表月,y代表年)。在一个国家的经济生活中,短期无风险利率占据非常重要的地位,它是资金纯粹时间价值的重要体现,一定意义上,指导资产的跨期配置需求。短期无风险利率是一切资产定价的基础,诸多风险收益由此衍生而来,可以说是所有风险资产定价的准绳。同时,短期无风险利率也是货币短期供求关系的重要反映,是国民经济运行状况的晴雨表。国债以国家为发行主体,具有最高的信用度,可以将国债收益率看成无风险利率,本文以3个月中债国债收益率代表短期利率。近些年来,银行间国债市场已经远远超出交易所国债市场的规模,并且10年期银行间固定利率国债可以跨市场发行,流动性较好,因此,以银行间债券市场10年期中债国债收益率代表长期利率。

3.以长短期两种利率的加权平均值作为参考利率

一般认为参考利率应该是统一的单一参考利率,但是为了体现各种实际利率的期限结构,将存贷款分为长期和短期两类,针对短期存贷款选择一个短期参考利率,针对长期存贷款设置一个长期参考利率,通过双参考利率实现期限调整的目标。鉴于存贷款期限结构的复杂性,双参考利率没有完全匹配到每一种期限,而是笼统分为长期和短期两大类,并计算其加权平均值,所采用的权数为长期和短期存贷款存量。

即:参考利率=W_1×长期参考利率+W_2×短期参考利率

W_1=(长期存款+长期贷款)/(存款总额+贷款总额)

W_2=(短期存款+短期贷款)/(存款总额+贷款总额)

这里的短期参考利率即上文提到的3个月中债国债收益率,长期参考利率是银行间债券市场10年期中债国债收益率。

4.匹配参考利率的方法

对长期和短期存贷款使用不同的利率,相比长短期两种参考利率,这种方法确定的参考利率,不仅要体现存贷款期限的差别,还要体现金融工具的种类,即将存款与贷款分开考虑。从而,定义了四个参考利率,以6个月中债企业债收益率(AAA)作为短期贷款的参考利率,以3个月中债商业银行债收益率(AAA)作为短期存款的参考利率,长期贷款的参考利率使用银行间债券市场7年期中债企业债收益率(AAA),长期存款的参考利率使用5年期中债商业银行债收益率(AAA)。

5.以存款和贷款利率的中点作为参考利率

以存贷款利率的中点(即简单平均值)作为参考利率,贷款利率和存款利率分别选用一年期人民币贷款基准利率和存款基准利率。

以上所有利率的样本数据来源于WIND咨询、中国债券信息网与中国人民银行,样本区间为2011年1月到2018年6月。

三、各种参考利率确定方法的比较分析

(一)参考利率水平值的对比

为了对以上选取的各种参考利率有一个整体直观的把握,将所有利率的数据展现在图2-1中[①]。

[①] 图2-1中没有涵盖方法4的匹配参考利率,是因为此方法和长短期两个参考利率的方法具有相似的结果,另外这种方法涉及四种参考利率,都显示在图中的话,图形会变得非常杂乱,故未放进来。

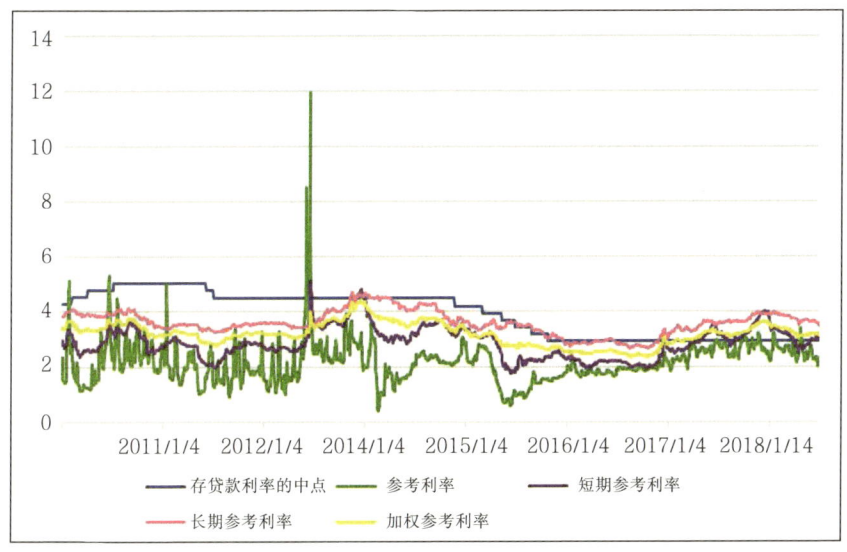

图 2-1　各种参考利率的对比

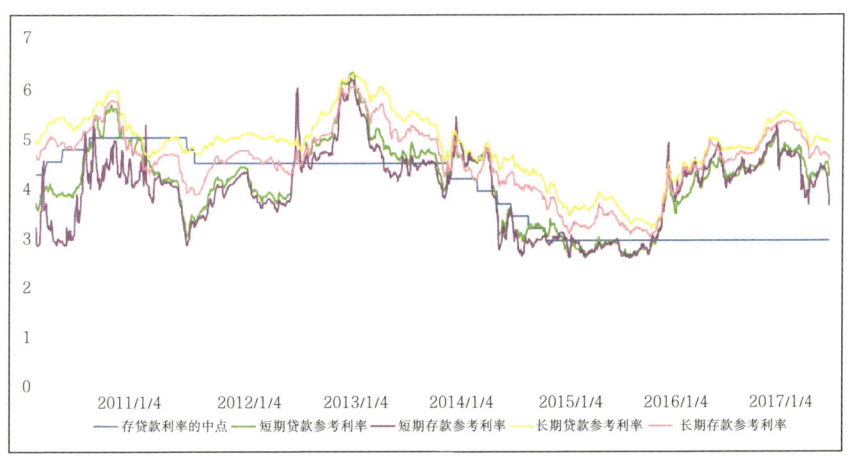

图 2-2　匹配参考利率对比

通过图 2-1 可以看出,各种参考利率的整体走势是基本相同的,其中由存款一年期基准利率和贷款一年期基准利率所计算的中点利率比较平滑,这主要是由中国的利率政策决定的,中国的存贷款基准利率都是由货币当局调控,很长一段时间才会调整一次,2015年以前该中点利率几乎处于所有利率的顶端,2015年几次降息后已逐渐低于其他更加市场化的参考利率。方法1选择的是中债国债收益率(0d),是所有参考利率中处于最底端的一个,要体现低风险、短期的性质,与3个月的短期中债国债收益率最为接近。而方法2,按照期限设置长短期两个参考利率,长期参考利率明显高于短期参考利率,所以长期参考利率会将贷款FISIM向存款FISIM转移。方法3由长短期参考利率所计算出来的加权平均利率,基本上位于长短期参考利率的中间,是一种折中的方法,在单一参考利率的基础上考虑了期限。

2013年6月20日中债国债收益率(0d)上升至高峰至11.96%,前几日也有一个小峰值,说明这段时间银行间市场流动性较差,拆借利率高,借款难。究其原因主要是超预期的资本外流,2013年4月初美联储就表示将逐渐退出QE。这一消息促使全球资本回流美国,尤其是以中国为代表的新兴资本市场,大量热钱资本流出,导致外汇占款大幅减少。5月中国外汇占款由4月的2946.54亿元回落至668.62亿元,回落近80%。即便考虑贸易项下带来的流入,外汇占款依旧大幅下降,也就是说此期间外流的资本更大。而外汇占款属于货币供应量的投放渠道之一,其突然大量减少,使银行间以及市场上的流动性都超预期地紧缩。

图2-2描述了一年期存贷款中点利率与匹配参考利率的比较情况,匹配利率走势基本相同,长期利率明显高于短期利率,贷款利率也大于存款利率。在多数情况下,符合小于贷款利率且大于存款利率的条件,且与存贷中点利率相差不大。但2017年以来,匹配利率大幅高于存贷款利率中点,这是因为2017年美联储加息步伐加快,国内推进金融严监管和去

杠杆。在国内外错综复杂的经济环境下,我国货币政策维持稳健中性,债券市场面临资金紧平衡,债券市场收益率不断上行。

(二)存贷款利率与参考利率的对比

最终计算的时候,都需要将存贷款利率与参考利率结合起来,将存贷款利率与参考利率进行对比,也是参考利率选择的一种思路,特别是考虑负值的发生情况。

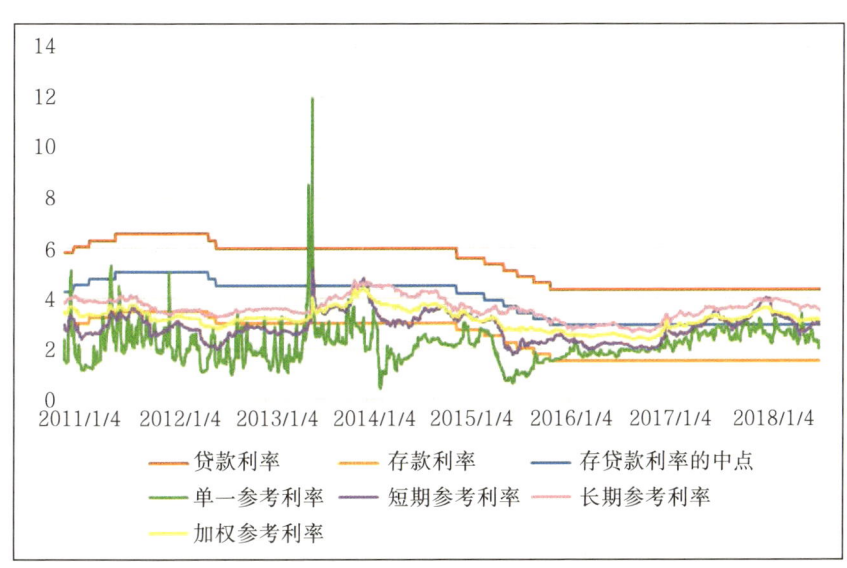

图2-3 存贷款利率与参考利率对比

图2-3描述了1年期存贷款利率与各种方法确定的参考利率的比较情况。可以看出,贷款利率在所有的参考利率之上而且高出的幅度较大,在这种情况下,没有贷款FISIM负值的发生。而存款利率更复杂一些,原则上中债国债收益率应是高于存款利率的,但图中显示大部分时间低于存款利率,表示方法1所选的中债国债收益率并不适合作为单一参考利率。作为短期利率代表的3个月中债国债收益率与存款利率基本上是交

错出现的,在多数情况下,存款利率要低于这个短期参考利率,基本上避免了存款 FISIM 负值的发生。作为长期参考利率的代表,10 年期银行间中债国债收益率,在所有时间段内符合小于贷款利率并且大于存款利率的条件,加权参考利率也基本符合这个条件。

至此,上述结果分析比较倾向于能够将风险溢价与期限溢价从产出中排除的参考利率,长短期两种参考利率、加权参考利率与匹配参考利率都可以满足这个要求。其中,加权参考利率将 FISIM 的利润从贷款向存款转移,重新分配(加权参考利率比短期参考利率高,同样数额,他会降低贷款利差,增加存款利差),考虑单个金融工具,存款或贷款的时候,这个方法至少排除了期限溢价。但是加权的方法主要基于用户存贷款存量的划分与查找,操作较困难。从方法的复杂程度来看,采用长短期两种参考利率或者匹配参考利率,更具有吸引力,在一定的经济文化中可以应用。

四、不同参考利率对应的 FISIM 产出测算与比较

通过各种不同参考利率的对比分析,已经清楚看到每种参考利率各自的走势及优劣,下面结合存贷款利率,运用不同参考利率计算 FISIM,并进一步对比分析各种参考利率对 FISIM 产出的影响。

本文涉及存款总额采用央行发布的各个月份的本外币存款额,同样以本外币贷款总额作为贷款总量的指标。对于单一参考利率的三种方法:方法(1)(单一参考利率)、方法(3)(加权利率)、方法(5)(存贷款利率的中点利率),可直接采用 SNA(2008)FISIM 产出核算公式:

FISIM = 存款服务费收入 + 贷款服务费收入

存款服务费收入 = 存款总额 × (参考利率 - 存款利率)

贷款服务费收入 = 贷款总额 × (贷款利率 – 参考利率)

然而，对于方法（2）（长、短期两种参考利率）、方法（4）（匹配参考利率），在计算FISIM时，公式同上，但是这里存款总额与贷款总额的指标选取就要进行细分，当采用长、短期两种参考利率时，相应的也要将存贷款额划分为长期与短期。本文存贷款的长短期划分是以中国人民银行发布的金融机构本外币信贷收支表（表2-3）为标准的。

短期贷款的数据取自本外币贷款总额中境内贷款的短期贷款。长期贷款取自境内贷款的中长期贷款数据。虽然这两项并没有涵盖所有的存贷款额（因为要将所有的贷款归并为长短期两种相当困难），但对本文的分析目的基本上没有什么影响，境内金融机构短期贷款和中长期贷款占有贷款总额的绝大部分。

对于存款，在中国现有公布的数据中并没有长短期的划分，但是各项存款中占据份额最大的就是企业存款和储蓄存款，本文中具体的操作是，采用这两种存款的定期数据之和作为长期存款的代表，采用这种存款的活期数据作为短期存款的代表，这样取舍主要是考虑数据的可获得性。

表2-3 金融机构本外币信贷收支表

资金来源总计	资金运用总计
一、各项存款	一、各项贷款
1.单位存款	（一）境内贷款
其中:活期存款	1.短期贷款
定期存款	2.中长期贷款
通知存款	3.融资租赁
保证金存款	4.票据融资
结构性存款	5.各项垫款

（续表）

资金来源总计	资金运用总计
3.财政性存款	（二）境外贷款
4.临时性存款	二、有价证券
5.委托存款	三、股权及其他投资
6.其他存款	四、黄金占款
二、金融债务	五、对国际金融机构资产
三、对国际金融机构负债	
四、其他	

这样就解决了用方法（2）（长、短期两种参考利率）与方法（4）（匹配参考利率）计算 FISIM 产出的存贷款数据问题。

方法（2）——采用长、短期两种参考利率计算 FISIM 的公式：

FISIM =（贷款利率−短期参考利率）×短期贷款额+（贷款利率−长期参考利率）×长期贷款额+（短期参考利率−存款利率）×短期存款额+（长期参考利率−存款利率）×长期存款额

方法（4）——采用匹配参考利率计算 FISIM 的公式：

FISIM =（贷款利率−短期贷款参考利率）×短期贷款额+（贷款利率−长期贷款参考利率）×长期贷款额+（短期存款参考利率−存款利率）×短期存款额+（长期存款参考利率−存款利率）×长期存款额。

以上所有存贷款额的样本数据来源于 WIND 资讯，样本区间为 2011 年 1 月 4 日至 2018 年 6 月 29 日。图 2-4 对各种方法计算的 FISIM 进行了简单的对比。

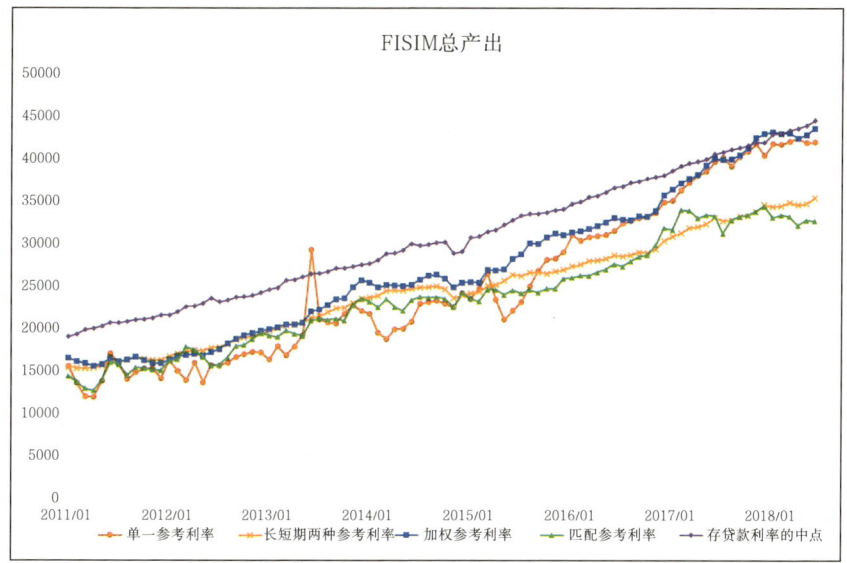

图 2-4 各种参考利率对应的月度 FISIM 产出(单位:亿元)

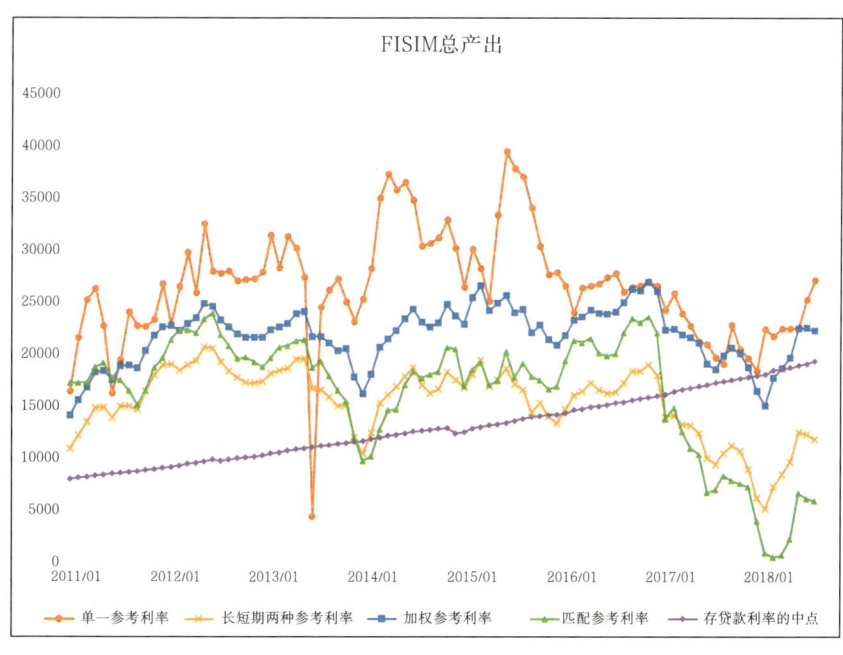

图 2-5 各种参考利率对应的月度贷款 FISIM 产出(单位:亿元)

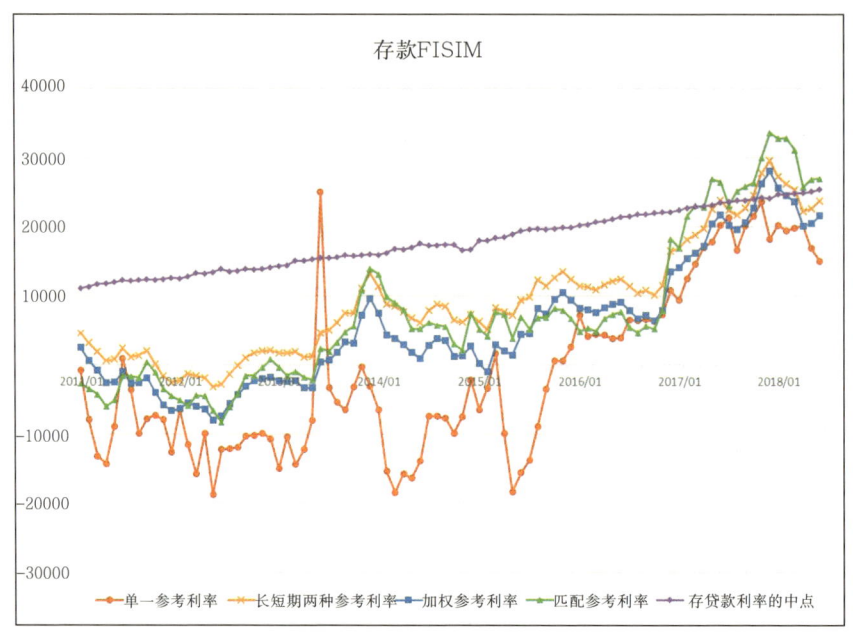

图 2-6　各种参考利率对应的月度存款 FISIM 产出（单位：亿元）

通过图 2-4 可以看出，每种参考利率计算的 FISIM 走势基本相同，其中采用中点参考利率测算的 FISIM 总值相对较大，波动性最弱，但其直线增长态势不符合我国名义总产出指标所具有的指数增长趋势。而加权参考利率测算的 FISIM 则呈现出指数增长趋势，且大小适中，波动性也较小。2015 年以前，除采用中点参考利率测算的 FISIM 总值以外，其他四种参考利率所计算的 FISIM 交织出现，数额相差并不是很大。但 2015 年以后测算结果的差异相对明显，因为在 2015 年之前，单一参考利率基本位于利率最低端，小于存款利率，导致存款 FISIM 都为负值，2015 年后单一参考利率基本大于存款利率，存款 FISIM 为正，使 FISIM 总量大幅增加，超过长短和匹配参考利率；且加权参考利率基本上避免了 FISIM 负值的发生。可以看出单一参考率计算的 FISIM 波动比较大，而长短期两种参考利率、加权参考利率、匹配参考利率、中点参考利率所计算的 FISIM 相对比较平稳。采用匹配参考利率计算的 FISIM 基本处于底端,这种方法不但将存贷款的参考利率分开考虑,而且将存贷款的期限也做了区分,从而使 FISIM 利差在很多情况下出现负值。

对比图 2-5(贷款 FISIM)与图 2-6(存款 FISIM)可以看出:五种参考利率所计算的贷款 FISIM 均高于存款 FISIM,即贷款对银行产出的贡献高于存款,这符合银行存贷款业务间相对关系的实际状况。但不同参考利率所对应的贷款 FISIM 差异较大,单一参考利率所计算的贷款 FISIM 值最大,其波动性也最大,而由此计算的存款 FISIM 却最小,甚至出现较多负值。原因在于该参考利率非常接近甚至低于存款利率。如果采用此参考利率,会将 FISIM 的绝大部分贡献归功于贷款,从而降低了银行存款业务在 FISIM 中的实际地位。与单一参考利率相比,中点参考利率会将部分 FISIM 从贷款转移给存款,正如图 2-5 和图 2-6 体现的那样,由此计算的贷款 FISIM 最小,存款 FISIM 最大,从而使得两者之间的差异在所有的计算结果中最小。这主要是因为中点参考利率假设存贷款业务的单位产出水平相同,因而在存贷款规模大致相等的前提下,由此参考利率计算的存贷款 FISIM 差异较小。同时可以看到,中点参考利率计算的 FISIM 过于平稳,无论是存款 FISIM、还是贷款 FISIM,即使在经济波动最大的 2015 年前后,其计算结果也没有发生明显的波动,这显然与实际市场状况不符。无论存款 FISIM 还是贷款 FISIM,加权参考利率、长短期双参考利率与匹配参考利率这三种参考利率的 FISIM 变化趋势与实际情况均比较吻合,特别是近几年,由于我国银行业从业机构数量急剧膨胀,市场竞争激烈,市场实际存贷款利息差逐步缩小,贷款市场需求增长趋缓,银行内部的业务结构不断调整。从而导致这三种参考利率对应的贷款 FISIM 近年来明显下降,存款 FISIM 则有不同程度的上升。

理论上,FISIM 作为存贷款金融中介服务费不应该为负值。但实际中负值却是存在的,特别是在经济危机时期,一些方法计算的存款 FISIM 出现了负值。如图 2-4 至 2-6 所示,所有参考利率计算的 FISIM 与贷款 FISIM 均为正值。而存款 FISIM 除了中点参考利率没有出现负值,其他四种参考利率均出现了不同程度的负值,尤其是单一参考利率出现了大量的存款 FISIM 负值。FISIM 负值取决于存贷款利率与参考利率的差额。检测期间,所有参考利率小于贷款利率,所以,贷款 FISIM 不会出现负值。而存款利率则不同,例如,单一参考利率基本上都低于存款利率,只在个别年份高于存款利率,导致此参考利率对应的存款 FISIM 大多数为负值。中点参考利率在所有时间段内均符合小于贷款利率且大于存款利率的条件,避免了 FISIM 负值的发生。

虽然,FISIM 对 GDP 的贡献与存款相关,同样 FISIM 与银行提供的服务相关,因而它的值不应该是负的,但是所有测算 FISIM 的方法依赖于利差,而利差却可以是负值,讨论不应该只针对排除负的利差,而应该讨论一种可以解释负值利差的方法,这些负值也许更好地反映了经济现实,例如,在经济危机的情况下,很多银行提供的存款利率比货币市场利率高很多,从而改善他们的流动性头寸。自 2011 年以来,我国经济增长仍存在下行压力,稳增长、调结构、促改革、惠民生和防风险的任务还十分艰巨,全球金融市场近期也出现较大波动,需要更加灵活地运用货币政策工具,为经济结构调整和经济平稳健康发展创造良好的货币金融环境,央行在此期间多次降息以降低社会融资成本,支持实体经济持续健康发展。多次降息则导致利差为负,造成 2011—2017 年期间存款 FISIM 负值现象。

下图所示为季度 FISIM 以及年度 FISIM，以供参考。

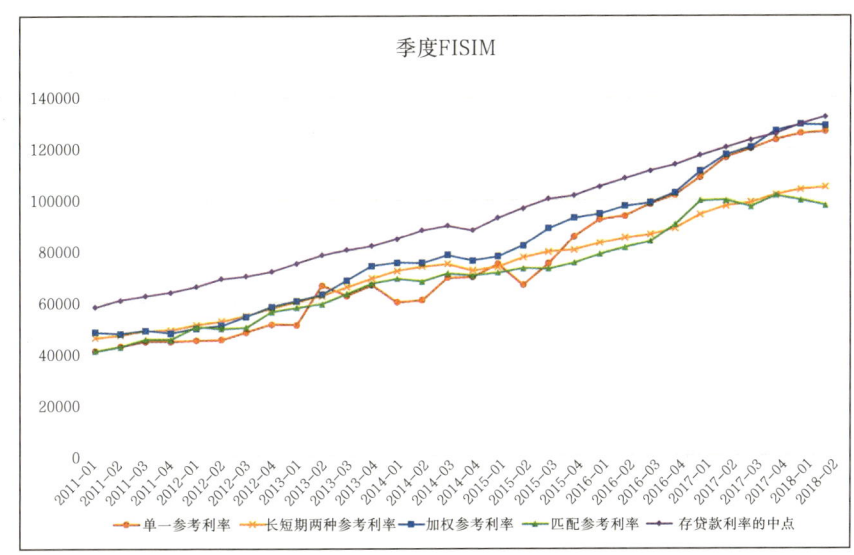

图 2-7　各种参考利率对应的季度 FISIM 产出（单位：亿元）

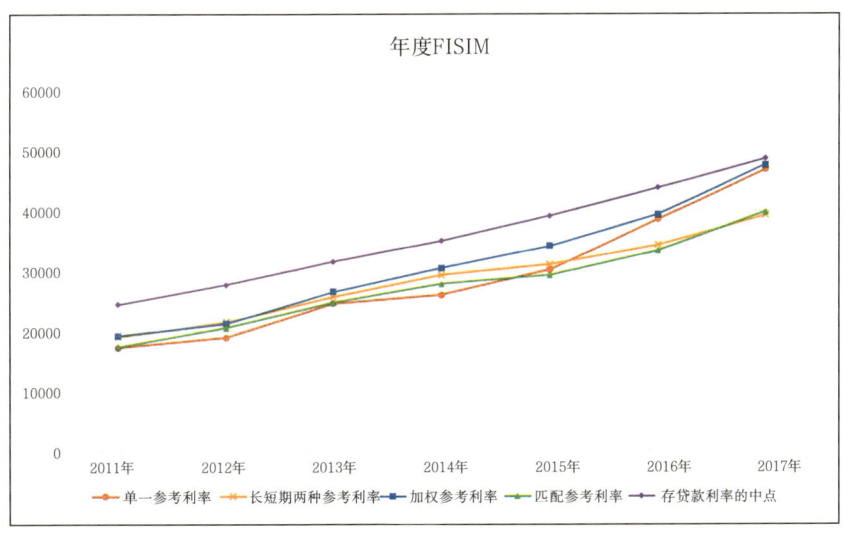

图 2-8　各种参考利率对应的年度 FISIM 产出（单位：亿元）

五、住户部门 FISIM 对 GDP 的贡献

FISIM 是总产出概念，GDP 是增加值概念，要想测算 FISIM 对 GDP 的贡献，可以从使用的角度，FISIM 产出必须按某一种方式或几种方式进行记录：企业的中间消耗，住户的最终消费，或对非常住者的出口，这些加总起来即为 FISIM 总产出。

这里从使用的角度测算 FISIM 对 GDP 的贡献，可以测算各部门对金融机构部门 FISIM 的使用情况。企业对 FISIM 的使用属于中间消耗，从而不影响 GDP 的数额，住户对 FISIM 的使用属于最终消费，直接影响 GDP 数额，当然还有国外部门等。虽然 FISIM 还需剔除中间消耗才影响 GDP，但不同的参考利率计算的 FISIM 相差超过万亿元，这对 GDP 的统计还是有一定影响，尤其是可能高估金融行业增加值以及对 GDP 的贡献。以单一参考利率为例，在利率上行周期，基于存贷款利率的参考利率计算的 FISIM 值与基于市场化利率计算的 FISIM 值的参考利率偏离度较小，甚至基本接近，例如 2017 年；相反，利率下行周期上述二者偏离度较大，例如 2014—2015 年。以图 2-8 的年度值为例，基于市场化利率的参考利率计算的 FISIM 值较基于存贷款利率中点的参考利率计算的 FISIM 值要小 1 万亿到 10 万亿之间，偏离区间为 [−28%，−2%]。如果考虑长短期两种参考利率、匹配等四种参考利率的情形，在 FISIM 中进一步扣除了期限和信用的风险溢价之后，账面的 FISIM 值要比其多 4 万亿以上。由此观之，相较采用市场化利率的参考利率计算 FISIM 值，现行账面 FISIM 值平均意义上要高 10 个百分点以上。如果假设中间投入一定，那么不同参考利率计算得到的 FISIM 值以及对应的金融行业增加值相应地可能有近似比例的差异。需特别指出，严格意义上

FISIM核算应采用期限近乎匹配的逐笔存贷款数据和对应的参考利率,本报告对试算过程做了简化处理,包括存贷款利率和金额在期限上未作严格区分、参考利率在期限上未作更细的划分等,试算结论更多为理论意义上的探讨,实际情况仍有待更精确的验证。

限于资料的可获得性,以及对GDP的影响程度,本文只对住户部门的FISIM使用做研究,其他部门可以此类推。为了研究需要,这里将存贷款数据按照部门进行分类,具体分类可以参考中国人民银行分部门的金融机构本外币信贷收支表(表2-3)。利用分部门的数据,可以直接将住户部门单列出来,再对具体数据进行简单处理。以短期消费性贷款与短期经营性贷款之和作为住户部门短期贷款的数据来源,以长期消费性贷款与长期经营性贷款之和作为住户部门长期贷款的数据来源。同样,将住户部门的活期及临时性存款作为短期存款的代表,将定期及其他存款作为长期存款的代表。

作为住户部门的最终消费,最终会对GDP产生影响,有了分部门的存贷款数据,以及长短期的分类,就可以对住户部门的FISIM总量以及存款FISIM与贷款FISIM的数量进行测度。图2-9、2-10、2-11分别对每种参考利率下住户部门的FISIM总量以及存款FISIM与贷款FISIM的数量进行对比分析。

就对GDP的影响而言,从2011年至2013年中期比较平稳,2013年中期以后逐年增加。对GDP的主要贡献来自于住户的存款,平均来讲各种方法下住户部门存款FISIM的走势图与整个住户总的FISIM走势相同,中点参考利率法所计算的FISIM最大且很平稳,缺乏市场利率的波动和趋势,也导致FISIM测算体现不了时序上的及时变化,不适合作为参考利率。单一参考利率计算的 FISIM 最小,应使用长短期两个参考利率、匹配参考利率以及加权参考率所计算的 FISIM,呈现出相似的结果,处于图形的中间。

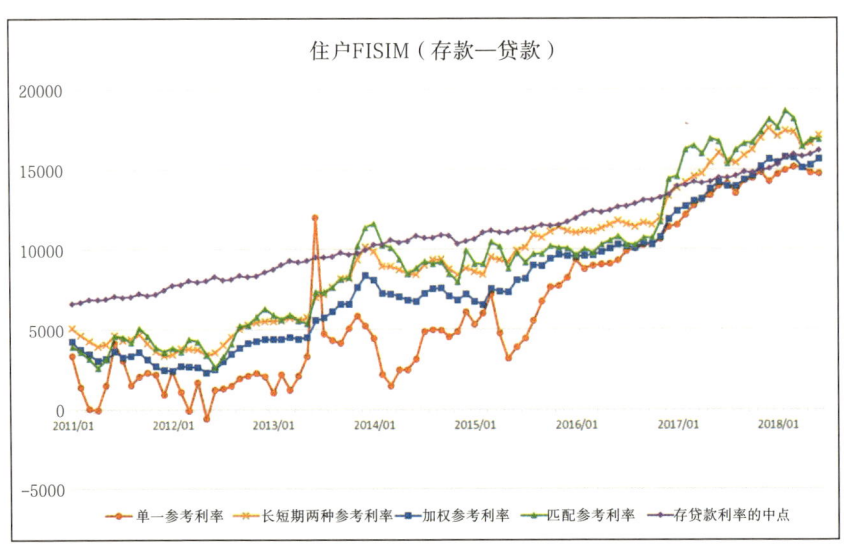

图 2-9　各种参考利率对应的住户部门 FISIM 总产出(单位:亿元)

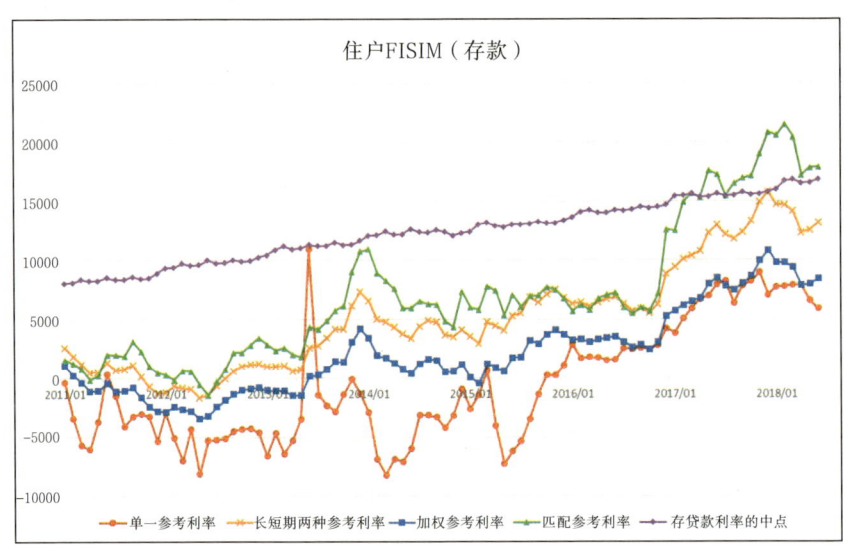

图 2-10　各种参考利率对应的住户部门存款 FISIM 产出(单位:亿元)

第二章 国内生产总值核算:债券收益率曲线在金融中介服务产出(FISIM)核算中的应用

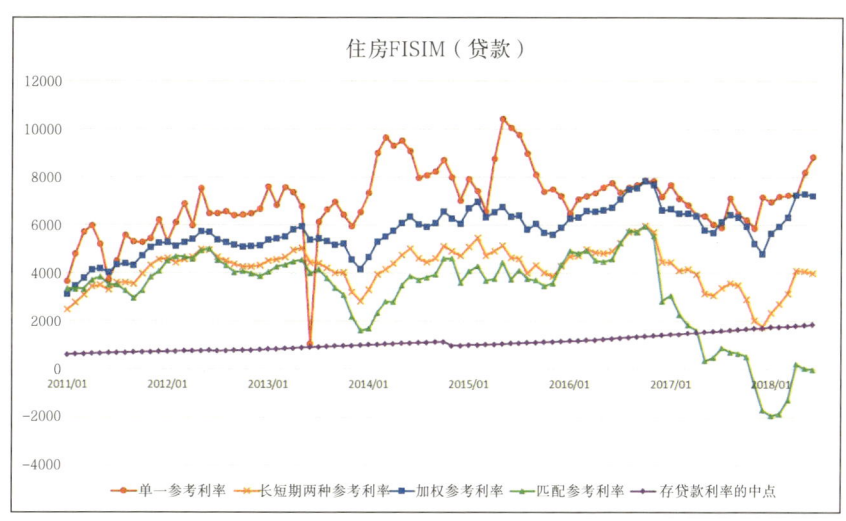

图 2-11 各种参考利率对应的住户部门贷款 FISIM 产出(单位:亿元)

而贷款 FISIM 的走势与前两者出现较大不同,对于贷款,单一参考利率所计算的 FISIM 值最大,中点参考利率所计算的 FISIM 值最小,而其他三种参考利率所计算的贷款 FISIM 相差不大。尽管应用单一参考利率测算住户部门贷款 FISIM 的值最大,但最终由该利率计算的存贷款 FISIM 产出仍处于最下端,足见存款 FISIM 的影响之大,是住户部门 FISIM 产出的主导部分。

根据国际统计标准,目前 FISIM 的测算与分配是基于零售利率与参考利率的比较,参考利率反映了银行间活动的市场利率,往往是短期,低风险的,但是关于参考利率的选取有必要检测有关期限和违约风险的处理。不同参考利率具有不同的期限结构,这对 FISIM 产出以及对 GDP 的贡献都有影响。通过参考利率水平值之间的对比、参考利率与存贷款利率的对比,各种参考利率对应的 FISIM 产出及其对 GDP 贡献的差异对比,可以发现这些检测一定程度上在尝试从 FISIM 的测算中排除风险期限溢价。

总体上,与本文所界定的核算范围保持一致,笔者比较倾向于能够将风险溢价与期限溢价从 FISIM 产出中排除的参考利率,长短期两种参考利率、加权参考利率与匹配参考利率都可以满足这个要求,在这三者中,以长短期两个参考利率为基础的方法,大体上与匹配参考利率的方法相等,但是更加简单,概念上也比其他方法更合理。虽然加权平均参考利率测算存款 FISIM 时不易出现负值,但是加权的方法主要基于用户存贷款存量的划分与查找,操作较困难。从方法的复杂程度来看,采用长短期两种参考利率更具有吸引力。

综上所述,目前国内参考利率的选择建议采用长短期两种参考利率法,其中,3 个月中债国债收益率为短期参考利率代表,10 年期中债国债收益率为长期参考利率代表。

六、建议参考利率与官方参考利率的对比

我国 FISIM 核算在 SNA2008 出台以后,逐渐从《中国国民经济核算体系 2002》框架下的利息收支差法过渡到参考利率法。继第二次经济普查之后,2009 年我国采用参考利率法对 FISIM 进行了试算,2010 年起参考利率法被纳入非经济普查年度国内生产总值核算方法,进而被正式写入《中国国民经济核算体系 2016》。

鉴于确定参考利率的复杂性,各国对参考利率的选择尚无统一意见。在当前我国金融市场,很难找到与存、贷款期限相匹配的银行间借贷利率,同时考虑到可操作性,实践中,我国 FISIM 参考利率采用基于账面价值的利率来计算,具体公式如下:

参考利率=（存款利率+贷款利率-风险率）/2

=［存款利率+贷款利率-不良贷款率×(1+贷款利率)］/2

其中，风险率是利用不良贷款率与贷款利率共同测算得到；不良贷款率的数据来源于中国银行业监督管理委员会。本文以中国存贷款利率和不良贷款率的数据计算我国账面价值参考利率以及该参考利率对应的FISIM，并从参考利率水平值、FISIM总值、贷款FISIM与存款FISIM四个方面将其与前文FISIM工作组探讨的几种参考利率进行对比（如图2-12所示）。

研究发现，我国账面价值参考利率的走势类似于存贷利率中点参考利率，相对过于平稳，对市场波动的反应略显薄弱。该账面价值参考利率所计算的FISIM小于存贷利率中点参考利率的FISIM，大于其他几种参考利率的FISIM。2013年以前与存贷款利率中点所计算的FISIM最为接近，2014年到2016年之间与加权参考利率所计算的FISIM最为接近。

就存款与贷款FISIM而言，我国账面价值参考利率均未出现负值，2017年以前该参考利率的贷款FISIM与匹配参考利率、长短期两种参考利率的贷款FISIM值差异不是很大，但是2017年以后我国账面价值参考利率的贷款FISIM一路走高，存款FISIM则略有增长，但基本呈现较为平缓的态势。

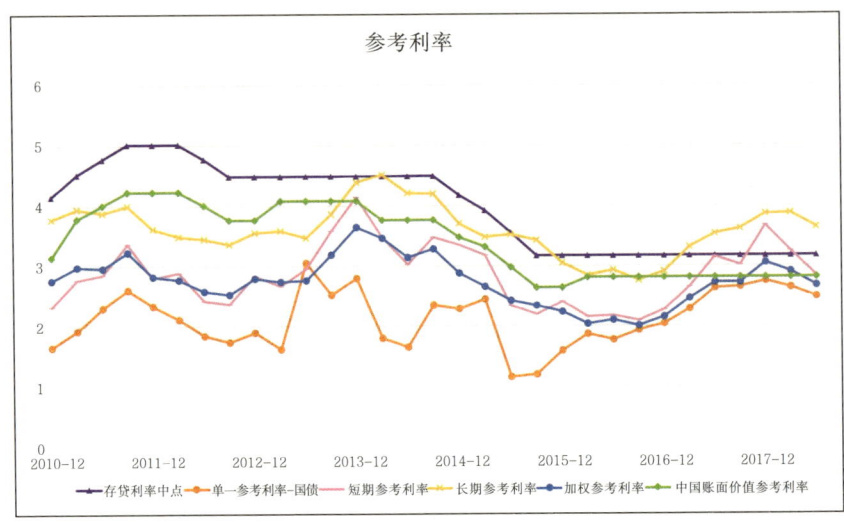

图 2-12 我国参考利率与其他参考利率对比

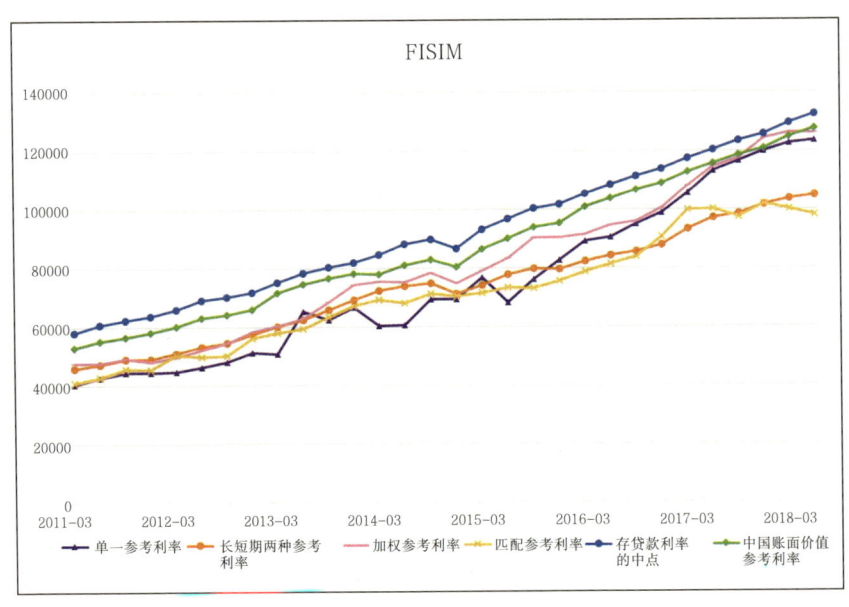

图 2-13 各种参考利率对应的 FISIM 产出 (单位 : 亿元 ; 季度值)

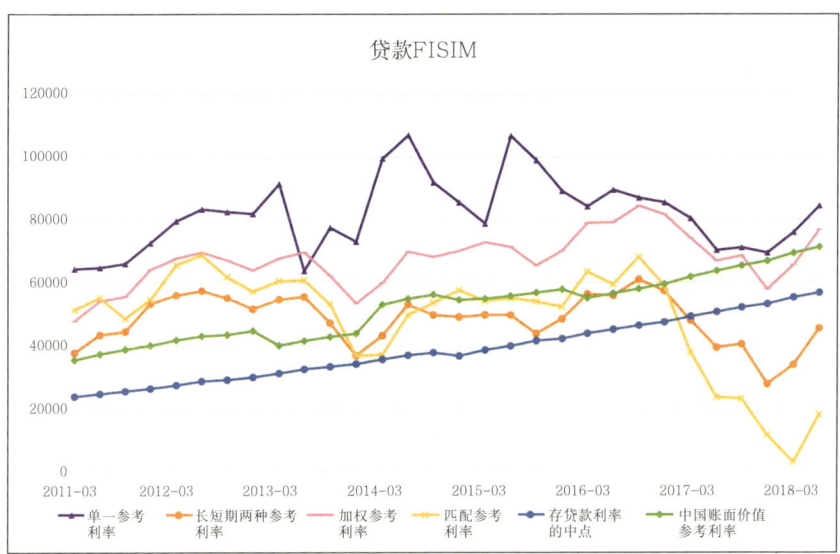

图 2-14 我国参考利率与其他参考利率对应的贷款 FISIM 产出 (单位:亿元;季度值)

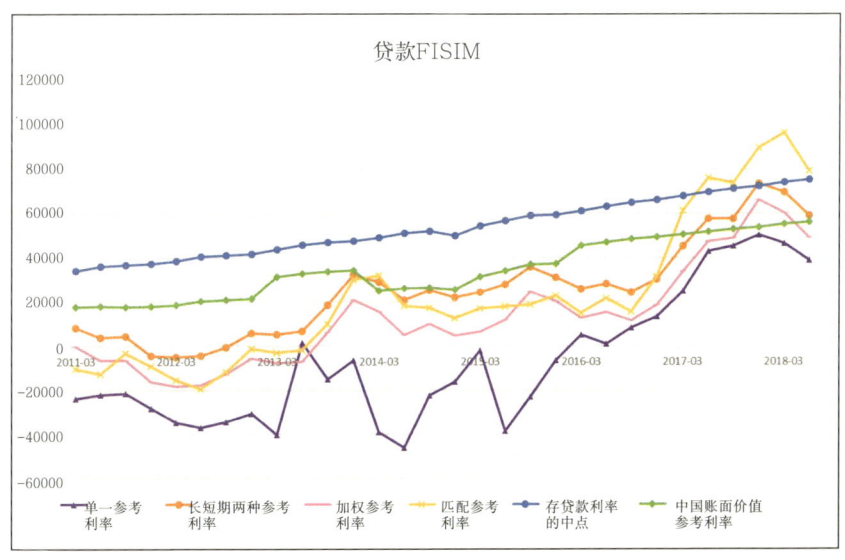

图 2-15 我国参考利率与其他参考利率对应的存款 FISIM 产出 (单位:亿元;季度值)

通过图 2-2、图 2-12 至图 2-15 观察到：第一，基于存贷款利率[①]的单一参考利率比基于国债隔夜的单一参考利率、国债长短期加权的单一参考利率要大。第二，整个考察期内，大部分时段基于存贷款利率的参考利率计算的 FISIM 值，比基于国债、AAA 企业债、AAA 商业银行债等市场化利率的参考利率计算的 FISIM 值要大，2017 年下半年略有例外。第三，2016 年年中为分界点，这之前基于市场化利率的参考利率计算的贷款 FISIM 值波动上行，这之后迅速下行，存款 FISIM 值反之，且存款 FISIM 值在 2013 年年中之前有较多负值的情况，而基于存贷款利率的参考利率计算的 FISIM 值基本都是平稳上行，且没有存款 FISIM 负值的情况。第四，基于市场化利率的参考利率计算的贷款 FISIM 值显示，2016 年年中之前贷款 FISIM 是全部 FISIM 的主要贡献力量，剔除 2013 年年中之前存款 FISIM 负值情况，贷款 FISIM 占全部 FISIM 比例平均约七成，但在 2016 年年中之后情况反转，存款 FISIM 逐渐成为全部 FISIM 的主要贡献力量。

针对以上四点观察，我们认为较为合理的解释是：

第一，存贷款利率虽受到实质的浮动限制，但仍然包含了信用等风险溢价，所以依此计算的单一参考利率较国债无风险利率计算的单一参考利率偏大。

第二，由于基于存贷款利率的参考利率比基于国债无风险利率计算的单一参考利率整体偏大，根据存款 FISIM 的计算公式"存款服务费收入=存款总额×(参考利率-存款利率)"，前者计算得到的存款 FISIM 要大于后者，尤其是 2008 年金融危机后到 2013 年年中之前较长时期内市场利率宽松的环境里，基于市场化利率的参考利率计算的存款 FISIM 值更是为负值，加之"存款总额"持续保持在"贷款总额"的 1.3～1.4 倍，进而使得

[①] 包括存贷款利率的中点、扣除风险不良率以后的存贷款利率中点。

总的FISIM值满足上述第二点观察结论。2017年下半年债券熊市,债券市场化利率走高,导致上述情况在此期间被逆转。总体来说,随着存贷款利率市场化的不断推进乃至完全放开浮动限制,除开债券市场利率大幅上行、存贷款利率大幅扣减风险不良率等极端情形,基于存贷款利率的参考利率始终将比基于国债无风险利率计算的单一参考利率偏大,加之"存款总额"基本都超"贷款总额",所以存贷款参考利率核算的FISIM值始终会大于国债无风险参考利率核算的FISIM值。从GDP核算的角度分析,这意味着现行基于账面的金融行业总产出和增加值可能持续高于基于国债等利率作为参考利率计算的值。

第三,考察期内受浮动限制的存贷款利率以及风险不良率保持平稳,而国债、AAA企业债、AAA商业银行债等市场化的利率呈周期性波动,所以基于前者的参考利率计算的FISIM值只有平稳上行趋势,而基于后者的参考利率计算的FISIM值出现趋势反转乃至存款FISIM为负值的情况。具体地,2016年年中为分界点,债市由牛转熊,国债等收益率上行,导致同期基于市场化利率的参考利率计算的贷款FISIM由趋势向上迅速掉头向下,存款FISIM反之。对应地,存款FISIM逐渐取代了贷款FISIM的位置,成为总FISIM的主导力量。这说明,债市由牛转熊的环境里,宏观经济预期向好,市场风险偏好情绪抬升,"资产荒"成为主要矛盾,反映到银行资产负债管理或金融中介服务上,那就是存款端的产出超越贷款端,成为创造价值的主力。这种宏观周期或资产配置的转换,以及金融中介服务活动的贡献差异,必须通过基于市场化利率的参考利率计算的FISIM值才能更好反映出来,通过现行的基于存贷款利率的账面口径难以实现。

整体而言,现行基于存贷款利率的账面口径计算的FISIM波动性相对较小、较为平滑，存款 FISIM 没有负值，也通过口径风险不良率部分剔除了信用等风险的溢价，具有较强的实践操作性和数据可获得性。但从数字大小看，账面价值参考利率剔除的信用风险溢价有限，且没有考虑利率的期限结构，导致 FISIM 中包括部分期限和信用溢价，这决定了基于存贷款利率的参考利率比基于国债无风险利率计算的单一参考利率始终更大，所核算的 FISIM 值始终会大于国债无风险参考利率核算的 FISIM 值，包括比基于长短端国债收益率相结合的两种参考利率计算的 FISIM 更大，意味着现行基于账面的金融行业总产出和增加值可能持续高于基于国债等利率作为参考利率计算的值。另外，从反映宏观周期或资产配置的转换、金融中介服务活动的贡献差异来看，需要基于市场化利率的参考利率计算的 FISIM 值才能更好反映出来，通过现行的基于存贷款利率的账面口径难以实现。最后从基于市场化利率的参考利率内部来看，长短期国债利率相结合的两种参考利率计算的 FISIM 值波动相对适中，较好剔除了期限溢价，极端情形下的存款 FISIM 较少出现负值，具备了基于市场化利率的参考利率的优势，加之在数据获取和可靠性、计算便捷性等方面的优势，是本报告推荐的参考利率选项。

第四节 本章小结

本章定位于间接测算的金融中介服务产出核算方法研究，以现有核算理论框架、核算方法为基础，以有关核算的遗留问题及其改进为核心，从核算范围、生产核算方法、参考利率的确定三个方面，对间接测算的金融中介服务产出核算方法进行了全面探讨，重点运用债券的公允价值来

探讨FISIM核算中的参考利率的选取,有利于FISIM核算体系健全与完善。本文的主要工作与结论有以下几方面:

一、对于FISIM核算范围的研究,鉴于目前国际上金融中介服务所包含的内容尚未达成一致,本文将从经济学和金融学的基本原理以及国民经济核算对生产的界定出发,确定FISIM核算的范围,从目前核算体系中FISIM核算方法的缺陷出发辨析了核算的主体、客体。

二、FISIM的生产与使用核算研究。对于FISIM的生产核算,结合SNA的四个版本,从FISIM产出的传统测算方法到FISIM产出测算的最新变化,使FISIM测算思路与测算原理逐渐明晰。

三、参考利率的选择是FISIM核算的最大难点,虽然SNA通过参考利率使FISIM的产出与使用核算变得更加科学合理,本文比较五种典型的参考利率确定方法,通过参考利率水平值之间的对比、参考利率与存贷款利率的对比,各种参考利率对应的FISIM产出及其对GDP贡献的差异对比,各种参考利率与官方口径参考利率对比。最终建议采用长短期两种参考利率法,其中,3个月中债国债收益率为短期参考利率代表,10年期中债国债收益率为长期参考利率代表。

本文的不足之处主要表现在以下几个方面:

第一,间接测算的金融中介服务产出核算,涉及统计与金融两个领域的知识,特别是在第四节进行中国的实证研究时,涉及金融领域各种利率的对比选取,需要专业的金融背景知识,在一些问题的辨析以及涉及银行部门一些指标的选择、解读方面,还有待进一步改进。

第二,有关中国参考利率的实证分析,只是根据目前比较主流的观点对参考利率进行检测、期望通过检测,选择出比较好的参考利率。然而这种方法涵盖的参考利率是否全面？在利率的选取上是否正确？这些问题都将影响参考利率的选择。另外，文中所做的参考利率的检测更多的是从期限风险的角度进行的，对于参考利率的其他方面则并未考虑，存在一定片面性。

第三，对于具体的测算方法，笔者只是研究其如何应用于FISIM核算，而这些方法的背景研究不够，具体的应用案例也研究较少。

第四，FISIM核算目前在国际上仍存在较大争议，本报告试算结论更多为理论意义上的探讨，实际情况仍有待更精确的验证。因数据限制，报告对试算过程做了简化处理，包括存贷款利率和金额在期限上未作严格区分、参考利率在期限上未作更细的划分等。为对理论情形进行大致的对比验证，报告对现行官方基于存贷款利率的账面FISIM测算也采用了可比口径和类似的简化处理。严格意义上，FISIM核算应采用期限近乎匹配的逐笔存贷款数据和对应的参考利率，本报告的试算尝试可为未来有关部门进一步对照和完善FISIM核算提供参考。

立足本文的主要研究工作、研究结论与不足，FISIM核算还有一些疑难问题与新问题可以作为进一步努力的方向：一是间接测算的金融中介服务所含服务的构成如何影响到参考利率的选择以及间接测算的金融中介服务的具体价格和数量，本文只是从概念上给予辨析，得出了初步结论。该问题需要进一步的澄清，并给出明确的统计标准。二是积极探索金融中介服务价格指数的编制，完善FISIM的物量核算。

关于FISIM核算进一步努力的目标是跟进国际上核算的最新进展，分析目前有关核算的缺陷与漏洞，并尽最大可能地提出改进与完善相关问题的思路或方法。在此基础上将这种改进应用到中国实践，推进中国核算理论与实践的不断发展。

第三章 资产负债核算：债券估值在资产负债核算中的应用

第一节 资产负债核算的基本原则

一、资产负债核算的背景与意义

本章主要阐述公允价值在资产负债存量核算中的应用。由于资产负债存量核算是国民经济资产负债核算系统中的一个重要分支，所以本部分主要对国民经济资产负债核算的主要框架进行简明扼要的说明，目的是便于读者系统全面地理解公允价值在金融资产存量核算中的理论应用背景。

国民资产负债核算，指的是对一国经济总体中的各个部门所拥有的资产、负债和净资产进行全面系统的测算，最终将各个部门的核算结果浓缩在一张国民资产负债表中，以此来反映一个经济总体的资产负债总量和其在各个部门之间的分布结构。资产负债核算对于国民经济运行和宏观经济管理具有重要的意义。

(一)资产负债核算为宏观管理提供依据

资产负债核算是存量核算,核算结果代表了一个时点上一个经济总体的总体经济状况,是国民经济运行的成果的概览。资产负债总存量代表了一个经济总体的生产能力、资本实力和创造收入的能力;资产负债的结构则反映了各类资源在国民经济各部门的分配情况。以上都是宏观经济管理、制定国民经济发展计划和产业政策的依据和基础。

(二)资产负债核算体现了存量、流量之间的有机联系

资产负债总存量是核算期内各种经济流量叠加、积累形成的结果;而经济存量则是各类经济活动的起始点,是形成经济流量的前提。国民资产负债核算奠基性贡献者——R.W.戈德史密斯曾说过:"一个国民经济核算体系,如果缺少了国民资产负债表就不能算是完整的。只有将资产负债全面纳入国民经济核算体系并结合其他四个流量核算子体系,才能全面系统地反映国民经济运行全过程及其所产生的综合效果,才能使国民经济核算体系在结构上形成'期初资产负债—生产—分配—消费积累—国外交易—物量与价格调整—期末资产负债'这样完整的经济循环模式,实现流量核算与存量核算的有机统一。"

(三)资产负债存量增长衡量经济发展结果

将期末资本形成总额与核算初期的资本存量进行比较,可以从资产增长率的角度对经济增长进行衡量。除了可以对金融和非金融资产的加和进行资产增长率的计算,也可对不同分项进行经济增长分析。通过对不同项目采取不同的技术处理手段,可以对影响存量变化的因素进行分解:

对于国民经济的实际发展程度分析,计算净资产增长率需要剔除价格影响,采用不变价格进行计算。但价格变化所引起的资产存量变化有时是反映经济泡沫的有效指标。在经济过热或"滞胀"等特殊时期,此部分值得被给予更多的关注。

由投资带动的经济增长是相对最具活力和持久性的。考虑到我国向来是一个"高储蓄低投资"型的大国,我们应该格外关注投资的增长以及由投资带动的经济增长。此举是宏观管理和经济分析的关键一步。

(四)提高资产负债核算质量,满足社会需求

加快建立统一的国家经济核算制度、编制国家和地方资产负债表、探索编制自然资源资产负债表,是党的十八届三中全会确定的三大国民经济核算改革任务。

中央深改组第三十六次会议审议通过《地区生产总值统一核算改革方案》,党中央、国务院决定推行地区生产总值统一核算改革,实现地区生产总值汇总数与国内生产总值数据基本衔接,把误差率控制在合理范围之内是切实提高统计核算数据质量的重大改革举措,国民经济核算需要夯实基础数据质量,加强数据质量评估,不断提高核算数据质量,因此如何保证核算对象价格的公允性对于我国未来的国民经济核算尤为重要。

2017年6月26日,中央全面深化改革领导小组第三十六次会议审议通过了《全国和地方资产负债表编制工作方案》,标志着官方层面将加快推进全国和地方资产负债表编制工作。资产负债核算是我国国民经济核算体系的重要组成部分,它是以资产与负债总存量为对象的核算,有利于了解经济总体和机构部门的资产负债规模。过去我国国民经济核算比较注重GDP等流量核算,编制全国和地方资产负债表标志着我国国民经济

核算向流量核算与存量核算并重转变,这对于健全核算体系,全面深化统计改革具有非常重要的意义。

对于国内资产负债表的编制,主要存在以下难点:一是基础资料不足。二是估价比较困难。原则上,资产负债表中的资产和负债应采用市场价格估价。但现实中,有许多资产和负债在核算期内没有相应的市场交易,需要进行重估价。因此,编制资产负债表对核算对象价格的确定与公允价值的理念——公允性、相关性、现时性不谋而合。

(五)公允价值计量与新时代资产负债核算理念统一

金融资产和非金融资产是经济资产的第一级分类,前者形成于金融交易过程,是建立在信用基础上的资产,后者是在实物交易中累积起来的资产。国民经济中与非金融资产相对应的流量核算称为非金融投资核算,主要核算一定时期内机构单位或机构部门从事交易而引起的非金融资产的变动。

我国目前采用公允价值计量的金融资产规模庞大,公允价值已经成为商业银行、基金、保险公司和证券公司等计量金融资产的重要方法之一。在我国现行资金流量表(金融交易部分)中,涉及的金融资产包括:通货、存款、贷款、证券投资基金份额、证券公司客户保证金、保险准备金、金融机构往来款、准备金、库存现金、中央银行贷款、直接投资、其他对外债券债务、国际储备资产等。对于以上金融资产的准确计价是金融资产存量核算的基础,也是后续对于核算后得到的资金流量表进行交易项目分析、机构部门分析等应用的基础。因此,金融资产核算对象中挑选出适用于公允价值进行计量的项目是必要的。

从2015年我国资金流量表来看,金融交易资金流量表显示资金运用总额为609657亿元,而非金融交易带来的增加值则更高,达到689052亿元,可见非金融资产的计量在国民经济核算体系中的应用。

公允价值自提出以来,目前已经被各国广泛纳入国民经济核算体系以及企业会计准则之中。当前,金融资产的公允价值核算已经得到核算界专家的认可,且在很多金融资产的核算中得到应用,相对于金融资产采用公允价值的广泛性,非金融资产公允价值的计量依然处于一个发展阶段。但是随着经济环境的日新月异,很多新产品和新业务应运而生,这对传统的非金融资产计量提出了更多要求。

2006年,财政部颁布的《企业会计准则》,将公允价值计量模式正式引入我国会计体系,相对于国际会计准则强调的广泛使用公允价值,我国对于公允价值的使用一直保持一种谨慎的态度。但是以历史成本模式计量的金融资产、非金融资产已经很难满足企业核算乃至国民经济核算的需求。我国在2014年新修订的《企业会计准则第39号——公允价值计量》对金融、非金融资产的公允价值计量进一步进行了明确的规定,并于第二十九条指出企业以公允价值计量非金融资产,应当考虑市场参与者将该资产用于最佳用途产生经济利益的能力,或者将该资产出售给能够用于最佳用途的其他市场参与者产生经济利益的能力。

新的会计准则为金融、非金融资产的公允价值计量提供了新的契机,企业开始以公允价值计量模式对金融、非金融资产进行计量,这种选择可以使市场更加公允透明,有利于提升企业的相关效益指标和利润水平。随着我国市场经济体制的完善,资产公允价值计量将越来越可靠。资产的企业会计核算是我国国民经济核算中金融、非金融资产核算的数据的基础来源,在此基础上,对国民经济核算中的金融、非金融资产采用公允价值,并且确定国民经济核算中金融、非金融资产公允价值的合理性、适用范围和计量准则显得尤为必要。

公允价值(Fair Value,FV)本意是公平的市场价格。金融工具国际联合工作组(JWG)在2000年12月发布的《准则草案与结论依据——金融工具及类似项目的会计处理》征求意见稿中强调:公允价值可以分为现行买入价格和现行脱手价格。

从目前世界各国的惯例来看,确定公允价值的方法主要有三种:存在活跃市场交易的情况下,若没有相反证据表明所进行的交易是不公正或非出于自愿,市场交易价格即为资产或负债的公允价值;在不存在活跃市场交易的情况下,应寻找市场上相类似的交易,以类似交易的价格作为公允价值计量的基础;如果资产或负债没有交易价格可供参考,此时确定公允价值的最好方式是采用定价模型或未来现金流量折现等估值技术来估计公允价值。在采用估值技术确定资产或负债的公允价值时,根据估值主体的不同,又可分为内部估值和外部第三方估值。

二、资产负债核算的原则

资产负债存量核算对象覆盖了国民经济中的所有项目,因此,需要一套既全面又灵活的核算原则对实际操作进行指导和监督。SNA2008中,对于资产负债核算规定了三点主要原则,即:所有权原则、记录时间原则、估价原则。

(一)所有权原则

在进行资产负债核算时,此原则被用于确定资产负债核算范围、确定资产负债的国民经济归属部门。一项资产(负债)必须有明确的所有权才能参与到核算流程中。因为只有某一机构单位对此项资产拥有所有权,才能对其实施控制和管理,此项资产才有可能为该机构单位带来收益。此原则限定了资产负债核算范围的同时,也将一些实际存在但由于不具有所有权从而不纳入资产负债核算范围的资产排除在核算范围外,如一国的领海。

需要注意的是,资产负债核算中应用的是机构部门分类,而非依照使用被核算资产的单位所属产业进行分类。

(二)记录时间原则

存量核算的本质是正确记录某时间节点上资产负债的存量情况。一个核算期内期初和期末的时间节点是核算者最关注的。一般取公历年度的年初和年末作为核算起止点,也可以依照本国的财政年度进行确定。

同会计记录一样,国民经济核算的记账原则也是权责发生制,即在债权和债务关系发生、转移或消除时进行记录。

(三)估价原则

估价原则是国民经济资产负债核算中最为关键的一步。总体估价原则可概括为:采用现期市场价格进行记录。具体包括两方面要求:

第一,对于资产负债存量,应遵循核算时点的市场价格的合理估价。

第二,对于资产负债的流量变化,应该按照交易实际发生时的价格或者资产发生其他物量变化时的现行市价。

在实践中资产负债是一个十分复杂的问题,涉及如下四个要点。

第一是估价方法。由于期末拥有的资产是自期初以来在核算期内的不同时点获得的,这使得期末核算时点的现行市价很有可能不等于当时的取得价格,此时需要对于不同时点获取的资产进行估价,目前较为成熟的估价方法有三种,分别为:成本价格,即按照资产取得时的价格进行记录,资产存量就是各时期价格的简单加总。现期市价,假设所有资产均在核算时点购置的,需要按照当期市场价格水平对资产进行重估价。不变价格,即选定某一时期作为基期,将不同时期的市场价格均按照价格指数折算为不变价。

第二是有关于重估价的方法。根据特定资产的性质不同可采用下列三种方法:现行市价法,以市场上同样或同类的资产价格确定被核算资产的现价。物价指数法,以特定资产的物价指数转换其价格所属时期。未来收益现值法,确定资产在使用期限内的未来现金流,选取恰当的折现率,折算为现值,然后进行加总作为被核算资产的现值。

第三是"固定资本消耗"的概念。有些资产在使用期限内会产生不同程度的磨损,其价值会随着使用时间的增加而减少。考虑到以上因素,在实际操作中落实"现期市场价格"的总核算原则是存在一定难度的。由于微观会计记录是国民经济核算的数据基础,而会计记录常以历史成本计量,所以初级的国民经济核算大都直接采用历史成本价格而非现期市场价格。

第四是核算逻辑公式。国民资产负债表体现了国民经济核算中的主要平衡关系,是国民资产负债存量核算的最终成果也是进行宏观经济分析不可缺少的工具。其核算思路遵循着"总量=数量×价格"的基本逻辑,国民经济资产负债核算应该从数量和价格两方面展开。在实践中,数据资料不是按照资产类型进行数据搜集,而是以机构单位为单位进行上报,表现为各机构单位各自所记录的本单位资产负债总量。由此,资产负债核算产生了两种方法:第一种:直接法。直接搜集相关经济变量的存量数据,根据部门和项目对这些数据进行分解、归类、调整、加总,最终得到各部门的资产负债数据;第二种:间接法。在已经获取基准年度资产负债数据的前提下,根据流量数据外推出核算时点的资产负债数据。

(四)中国资产负债估价理论原则

目前由国家统计局来编制国家资产负债表的有8个国家,包括澳大利亚、加拿大、法国、德国、意大利、日本、韩国和英国(美国由财政部编制)。我国统计局曾在20世纪90年代组织编制过中国国家资产负债表,但由于其他原因此项工作被中断。目前我国仍主要采用历史成本价格编制国民资产负债表。也正因还未能对资产负债进行全面的重估价,中国官方核算机构还未对外公布国家资产负债表。因为我国目前进行金融资产与负债核算时,其基础数据主要来自金融管理部门的统计资料和金融法人单位的资产负债表。鉴于微观会计记录的资产负债表是进行国民经济核算的重要资料来源,而会计核算普遍采用历史成本价作为计价原则,因此,初级水平的国民资产负债核算常常直接采用历史成本价。

在2013年召开的党的十八届三中全会上正式提出了编制全国和地方资产负债表的国民经济核算改革任务。2017年6月26日,中央全面深化改革领导小组第三十六次会议审议通过了《全国和地方资产负债表编制工作方案》,标志着官方层面将加快推进全国和地方资产负债表编制工作。

从2017年10月发布的《中国国民经济核算体系2016》来看,目前我国关于资产负债核算估价的基本原则包括两方面内容:

资产负债总体原则上按照编表时点上的市场价格进行估价。

非金融资产估价中固定资产通常采用永续盘存法进行估价;存货按

编制资产负债表时点的市场价格进行估价；自然资源资产按照核算时点的市场价格或未来收益净现值法估价。

金融资产与负债可以分为两大类：

在有组织的金融市场上经常进行交易的，编制资产负债表时按照当时时点的市场价格进行估价。

未在有组织的金融市场进行交易的，按照编表时点债务人为清偿债务应向债权人支付的金额进行估价。

相较于资产负债核算发展得较为成熟的国家：根据不同类型的金融资产采用不同的估价方法，目前我国对于资产重估价领域仍处于探索阶段，其中有关于金融资产的估价方法较为笼统，统一概括为"编表时点债务人为清偿债务所付出的金额"。

第二节 使用公允价值编制资产负债表的国际经验

一、国民经济核算中资产负债核算的基本内容

表3-1为国民资产负债表，纵列显示各个机构部门，横栏显示各类资产负债以及资产净值。其中，资产分为金融资产和非金融资产，非金融资产又分为生产资产和非生产资产。

表 3-1 国民资产负债表

	非金融企业部门	金融机构部门	政府部门	为住户服务的非营利机构部门	住户部门	经济总体	国外
1.资产							
非金融资产							
生产资产							
固定资产							
住宅							
其他建筑物和构筑物							
机器和设备							
培育性生物资源							
知识产权产品							
存货							
贵重物品							
非生产资产							
金融资产							
通货							
存款							
贷款							
股权和投资基金份额							
债务性证券							
保险准备金和社会保险基金权益							
金融衍生工具和雇员股票期权							
国际储备							
其他							
2.负债							
通货							
存款							
贷款							
股权和投资基金份额							

（续表）

	非金融企业部门	金融机构部门	政府部门	为住户服务的非营利机构部门	住户部门	经济总体	国外
债务性证券							
保险准备金和社会保险基金权益							
金融衍生工具和雇员股票期权							
国际储备							
其他							
3.资产净值							

二、国民经济核算关于金融资产估价原则

（一）金融资产定义

本章主要针对公允价值在资产负债核算中的应用——金融资产估价展开论述，首先对核算对象——金融资产的定义进行说明。

1.会计核算中的金融资产

概述中提到，工商会计是国民经济核算的基础（方法基础和数据基础），而金融资产又是会计核算中重要对象，因此，有必要说明会计核算范围中的金融资产。

根据《企业会计准则第22号—金融工具确认和计量》第二章——金融资产和金融负债的分类，目前我国会计核算领域在初始确认时一般将金融资产分为四大类，分别为：

持有至到期投资，是指企业打算并且能够持有到期的债权证券。如果这些证券在一年或企业超过一年的一个营业周期内到期，那么它们应在流动资产中列报；如果到期时间超过一年或一年以上的一个营业周期，

那么持有至到期投资应在长期资产中列报。所有持有至到期投资在购入时都要以成本入账,利息收入则要在赚得时入账。

贷款和应收款项,指在活跃市场中没有报价、回收金额固定或可确定的非衍生金融资产,同时也泛指一类金融资产,主要指金融企业发放的贷款和其他债权,但不限于金融企业发放的贷款和其他债权(如委托贷款)。非金融企业持有的现金和银行存款、销售商品或提供劳务形成的应收款项、企业持有的其他企业的债权(不包括在活跃市场上有报价的债务工具)等,只要符合贷款和应收款项的定义,可以划分为这一类。

可供出售金融资产,是指交易性金融资产和持有至到期投资以外的其他的债权证券和权益证券。企业购入可供出售金融资产的目的是获取利息、股利或市价增值。对于可供出售金融资产,也不会像对交易性金融资产那样积极管理。如果企业打算在一年内或超过一年的一个营业周期内卖出可供出售金融资产,那么就应该将这些可供出售金融资产归为短期投资;如果企业不打算在一年内或超过一年的一个营业周期内卖出可供出售金融资产,那么就应该将它们归为长期投资。

以公允价值计量且其变动计入当期损益的金融资产,此部分包括交易性金融资产即企业打算通过积极管理和交易以获取利润的债权证券和权益证券。企业通常会频繁买卖这类证券以期在短期价格变化中获取利润且其变动计入当期损益的金融资产。

可见会计领域的金融资产主要是站在企业的角度来定义的,主要包括企业的筹资、投资、经营活动中所涉及的各类金融工具。依据金融工具的特点及性质不同,其计量方式也不同。一般以公允价值居多,因为企业所持有的金融工具除了贷款和应收款项外大多数都是可以在二级市场进行交易的股票、债券等。而公允价值是以市场为基础的现时计量方式,能够反映当下真实价值的信息。这一点对于企业的财务管理而言是至关重要的。另一方面从现值角度来看,公允价值代表预期的现金流量按照当前的市场风险报酬率折现得到的现行价值。该价值蕴含了市场对未来会计期间对该项资产(负债)公允价值变动方向的预判,因而其具有决策相关性。一般来说,相对于其他计量属性,上市公司基于公允价值的会计信息与投资者面向未来的投资决策更为相关。

2.国民经济核算中的金融资产

正如SNA2008第三章所述:"资产是一种价值贮藏,它代表在持有或使用该实体的期间应归属于经济所有者的一次性或连续性经济利益。它是将价值从某一核算期转移到另一核算期的手段。"而关于金融资产,SNA2008中有如下表述:"金融债权是债权人应得的、由债务人根据债务条款进行的支付或系列支付。与负债一样,债权也是无条件的。此外,也可能存在这样的金融债权,它使债权人有权要求债务人支付,且一旦做出要求,债务人必须无条件支付。当然就债权人而言,要求本身是无条件的。"

国民经济核算中金融资产包括所有金融债权、公司股票或公司其他权益,以及被货币当局持作储备资产的黄金。国民经济核算领域对于金融资产的涵盖面更加宽泛。相较于会计领域对金融资产的界定,国民经济核算是站在国家的角度对金融资产进行归类划分。其中货币黄金和国际货币基金组织(IMF)发行的特别提款权(SDR)是通常仅由货币当局持有的资产—国只有参与到国际组织才能拥有此类资产。SNA2008中具体金融资产项目如表3-2所列示:

表 3-2　SNA2008 中的金融资产/负债分类

货币黄金和 SDR	保险、养老金和标准化担保计划
货币黄金	非寿险专门准备金
SDR	寿险和年金权益
通货与存款	养老金权益
通货	养老金经理人的养老基金债权
可转让存款	非养老保险金权益
银行间头寸	金融衍生工具和雇员股票期权
其他可转让存款	金融衍生工具
其他存款	期权
债务性证券	远期
短期	雇员股票期权
长期	其他应收/应付款
贷款	商业信用和预付款
短期	其他应收/应付款
长期	
股权与投资基金份额	
股权	
上市股票	
非上市股票	
其他股权	
投资基金份额/单位	
货币市场基金份额/单位	
其他投资基金份额/单位	

货币黄金是由货币当局(或受货币当局有效控制的其他机构)所拥有的,并作为储备资产而持有的黄金。它包括金块(包括在分配黄金账户里

持有的黄金)和非分配黄金账户,后者是非常住单位授予的黄金交割要求权。所有的货币黄金都是储备资产或由国际金融组织持有。只有作为金融资产和外汇储备组成部分持有的黄金才是货币黄金。因此,除少数体制外,黄金只能是中央银行或中央政府的金融资产。

特别提款权(SDR)是由国际货币基金组织(IMF)创立并分配给会员以补充现有储备资产的国际储备资产。国际货币基金组织的特别提款权账户通过在国际货币基金组织会员国和某些国际机构(统称参加国)之间分配 SDR 来管理储备资产。

通货指那些由中央银行或中央政府发行或授权的具有固定面值的纸币和硬币。(未实际流通的纪念币以及未发行或停止使用的通货都不应包括在内)要区分本币(即通货是中央银行、其他银行和中央政府等常住单位的负债)和外币(它们是外国中央银行、其他银行和政府等非常住单位的负债)。所有部门都持有作为资产的通货,但通常只有中央银行和政府才可以发行通货。

可转让存款包括如下种类的存款:没有违约金或限制,按面值即期兑现的存款;以支票、汇票、直接转账单、直接借/贷或其他直接支付方式等直接进行支付的存款。

其他存款包括除可转让存款以外的,由存款证明所代表的所有债权。此类存款的典型形式是储蓄存款(总是不可转让的)、定期存款和不可转让存款证。

债务性证券是作为债务证明的可转让工具。它们包括票据、债券、可转让存款证、商业票据、债权证、资产支持证券和通常可在金融市场交易的类似工具。票据是赋予持有者在约定日期收取预先声明的固定数额的无条件权利的证券短期债务性证券包括原始到期日为一年或少于一年的那些证券。即使是票据发行便利等长期金融工具名义下发行的证券,如果其到期日为一年或少于一年也应列入短期;长期债务性证券包括原始到期日长于一年的那些证券。到期日可选(最近的在一年以上)的债权和无明确到期日的债权都应列入长期。

贷款包括以下所有金融资产:债权人直接将资金借给债务人时产生的金融资产;以不可转让单据作为凭证的金融资产。短期贷款指原始到期日在一年或一年以下的那些贷款。根据债权人的要求偿还的贷款也应列入短期,即使预计一年以上都无须偿还这些贷款;长期贷款包括原始到期日超过一年的那些贷款。

股权包括证明对清偿了债权人全部债权后的公司或准法人公司的剩余价值有索取权的所有票据和记录。股权是发行机构单位的负债。股权可细分为:上市股票、非上市股票、其他股权。上市股票和未上市股票都是可转让的,因此都是权益性证券。

投资基金是将投资者的资金集中起来投资于金融或非金融资产的集体投资。购买基金份额的单位由此将其风险分散到基金的所有工具上。

寿险和年金权益显示了投保人对提供寿险或年金的企业所拥有的金融债权。记入金融账户的唯一的寿险和年金权益交易是应收保费净额与应付索赔之差。

金融衍生工具是与某种特定金融工具或特定指标或特定商品挂钩的金融工具,通过金融衍生工具,特定的金融风险就可以在金融市场上交易。金融衍生工具的价值来自标的项目的价格,即参考价格。参考价格可能涉及商品、金融资产、利率、汇率、其他衍生工具或是两个价格的差价。衍生工具合约也可能以一种指数或一篮子价格为参考。

本类包括提供给公司、政府、为住户服务的非营利机构、住户和国外的货物和服务的商业信用、在建工程(如果将其列入存货类)或拟建工程的预付款。

观察表3-2可以发现国民经济核算领域对于金融资产的涵盖面更加宽泛。相较于会计领域对金融资产的界定,国民经济核算是站在国家的角度对金融资产进行归类划分。其中货币黄金和国际货币基金组织(IMF)发行的特别提款权(SDR)是通常仅由货币当局持有的资产,一国只有参与到国际组织才能拥有此类资产。

国民经济核算手册(SNA2008)对于各类金融资产在其对应的金融资产账户中应如何记录进行了详细的解释。目前世界大部分发达国家均按照SNA2008的要求进行记录与核算。随着CSNA2016的发布和使用,我国也正逐渐健全金融资产的全面核算,如在CSNA2016中引入"雇员股票期权"的概念,并将其作为劳动者报酬纳入国民经济核算范围。

(二)金融资产负债理论估价原则

金融资产负债存量核算是国民资产负债存量核算的重要组成部分。金融资产相较于非金融资产,其物量一般难以发生变化,但价格变化相对频繁且不稳定,同时金融资产的流动性更强、金额更大,因此,其对于估价准确性的要求更高。

1.金融资产负债头寸估价

SNA2008第三章:流量存量和核算规则,对于金融资产和负债的估价要求进行了说明。

在资产负债表报告日,金融资产和负债存量的估价方法应该是:如果当日通过市场交易购买这一存量规模,所需支付的费用是多少,那么存量的价值就是多少。许多金融资产定期在市场中进行交易,因此,可以直接利用这些市场报价进行估价。如果金融市场在资产负债表报告日期关闭,估价中应采用市场开放时最近日期的价格作为市场价格。债券有当期市场价值和票面名义价值之分,此时,对某些目的而言,有必要针对债券头寸票面价值提供某些辅助数据。

对那些从不或只是偶尔在金融市场上进行交易的金融资产和负债,需要按相当的市场价值估价。对这些资产和负债,有必要估算其公允价值,该价值可以有效逼近市场价格。当然,使用恰当的贴现率,未来现金流的当期价值也能作为近似的市场价格。

市场价值、公允价值和名义价值不同于摊销价值、面值、账面价值和历史成本等概念。

a.公允价值是相当市场价值。它被定义为知情且有意愿的当事方在平等交易中交换资产或清偿负债的金额。因此,它代表了对债权人出售债权所能获得金额的估计。

b.名义价值是指债务人欠债权人的金额,它由未偿还本金和全部应付利息组成。

c.摊销价值反映以初始确认金额减去已偿还本金额来测度的金融资产或负债的数额。超出预定本金偿还额的额外付款可以减少摊销价值,反之,低于预定本金偿还额或预定利息的付款会增加摊销价值。在每个预定日期上,摊销价值与名义价值相同,但在其他日期上两者可以不同,因为名义价值中包括应计利息。

d.面值是需要偿还的未经贴现的本金数额。

e.企业会计中的账面价值一般指企业记录中所记价值。由于账面价值受资产或负债获得的记录时间、公司收购、重估价频率、税收和其他规章的影响,它可能有多种不同含义。

f.严格地讲,历史成本体现的是资产或负债获得时刻的成本,但有时它也反映非常规的重估价。

可见 SNA2008 首推以市场价格为基础的估价原则。

2.资产负债表中的估值

资产负债核算的第一步是资产的定义和核算范围的划定,核算的内容不仅包括时点上的资产负债存量还包括核算期内资产负债的变动情况。相比于流量核算,资产负债核算的难度相对更大一些,其中关键的问题就是估价。

SNA2008 第十三章:资产负债表中关于资产负债表上债权的登录方法有如下表述"金融资产和负债遵循上述一般估价原则,只要金融资产和负债是在有组织的市场上有规律地交易,就对它们按现价估价。债权不在有组织的市场上交易,要根据债务人必须付给债权人以消除债务的数额对债权进行估价。债权在资产负债表中具有同样的价值,无论其作为资产出现还是作为负债出现。价格应当不包括进行交易时对所提供服务支付的服务收费、酬金、委托金及其他类似费用。在第 11 章和第 17 章第 4 部分对此进行了更详细的讨论"。可见,SNA2008 对于不存在市场价格的资产要根据资产的特点采用适当的估价方法进行估值。

具体各项金融资产的估价方法如下表 3-3 所示:

表 3-3　SNA2008 中各项金融资产登录资产负债表的估价方法

金融资产	估价方法
①货币黄金和SDR	货币黄金应当按照其在国际市场上通行的价格或中央银行之间的双边协议估价 特别提款权(SDR)可按照国际货币基金组织根据货币篮子计算的每日价格估价
②通货	不存在估价问题,其价值就是本身的名义价值,即面值
③存款(贷款)	债务人按照存款条件及合同义务向债权人清偿存款时的本金额估价 存款利息理论上有两种处理方法:复利计息则将利息计入本金增加额;否则将利息计入应收应付款项中(实践中我国按照后者进行处理)
④股票和其他基金份额	若在有组织的交易市场上经常进行交易,按市场交易价格估价 若不存在交易市场,参照收益、分红历史和前景都可比的已上市股票及其他股权的交易价格估价(但由于其未上市,流动性较低,所以估值应适当下调)
⑤债务性证券	有交易的短期证券和对应负债按现期市场价格进行估价 无交易的短期证券得不到市场价值分情况处理 平价发行的,以(面值+本期累计利息)来估价 折价发行的,以(发行价格+实际折价摊销+本期应计利息)来估价 溢价发行的,以(发行价格+实际溢价摊销+本期应计利息)来估价 长期证券始终按照现期市价估价
⑥应收应付款	按照债务清偿时,债务人按照合同义务向债权人支付的本金金额来估价
⑦保险、年金、养老金以及标准化担保计划的准备金	非寿险准备金数额是资产负债表编表当日(未满期保费+留出弥补未决赔款) 寿险和年金权益的数额与非寿险专门准备金相似(但对于寿险,准备金数额相当大,其代表了所有预期索赔的现期价值) 定额福利的养老金权益,采用养老金提供者负债的精算估计值 定额缴款的养老金权益,以养老金提供者持有的金融资产市场价值估价 标准化担保下的代偿准备金以(预期索赔额-预期收回)估价
⑧储备资产	货币黄金按照有组织市场或者中央银行之间的双边协议价格来估价 SDR按照"一揽子货币"期末价格来估价或者根据期末外汇汇率中间价来估价
⑨金融衍生工具	以市场价值估价,若得不到市场价格也可以采用其他适当方法,如期权模型或现值
⑩雇员股票期权	根据所授予的权益工具的公允价值进行估价

金融负债和金融资产(货币黄金除外)是对称存在的,即某个机构单位所持有的金融资产必然是某个机构单位所持有的金融负债,而该机构所持有的金融负债也必然是某个机构单位所持有的金融资产。因此有关于各项金融负债在登录资产负债表时的估价原则,应该与金融资产保持一致。对于金融负债的估价也需要遵循"市价原则",即选取核算时点最贴近市场价值的价格进行估价。对于存在活跃交易市场的金融负债,采用现时市场价格;对于不存在活跃交易市场的金融负债要采用适当方法,估算其公允价值用以登录于资产负债表。具体的各项金融负债登录资产负债表的估价方法同上表所示。

3.金融交易估价

SNA2008第十一章:金融账户中有这样一段表述"涉及金融资产和负债的合约所要求的支付几乎总是会包含不止一项SNA所指的交易。金融机构规定的贷款利息和存款利息的支付,是对金融机构提供贷款或保护存款等服务的支付,涉及SNA所记录的利息和服务费。外币和股票的买价与卖价通常是不同的,买价与中间价格之差代表向买者收取的服务费用,中间价格和卖价之差代表向卖者收取的服务费用。中间价格是交易发生时买价和卖价的中值,如果股票的购买和销售不是同时发生的,则销售和购买的中值不一定相等。对债券等金融工具而言,价值随时间而增加的部分视为利息,而不是简单地作为资产价格的增加。有些情况下,需要多次调整交易的表面价值,以辨识出与资产相关的服务费和利息"。此部分主要涉及FISIM核算,已在第二章展开论述。

三、国民经济核算关于非金融资产估价原则

(一)国民经济体系中的非金融资产核算范围

1. SNA2008 中的非金融资产

SNA2008 对非金融资产进行了极为细致的划分和解释,如表3-4所示,非金融资产的一级划分为生产性资产、非生产性资产。相比于 SNA1993,SNA2008 对非金融资产的分类作了多处变化:如生产资产分类、存货分类、非生产资产分类。根据 SNA2008,非金融资产的核算范围分为生产性资产和非生产性资产,前者包括固定资产、存货、贵重物品,后者包括自然资源、合约、租约和许可、外购商誉和营销资产。

SNA 没有在分类中直接区分有形资产和无形资产。但是一般来说,住宅、其他建筑和构筑物、机器和设备、武器系统和生物资源等类别相当于有形资产,其他类别相当于无形资产。

2. CSNA2016 中的非金融资产

在我国 2002 年的国民经济核算体系中,非金融资产分为固定资产、存货、其他非金融资产三个类别,没有划分生产资产和非生产资产,与 2008 年 SNA 差距较大。因此,2016 年核算体系按照 2008 年 SNA 的非金融资产分类标准,将我国非金融资产分为生产资产和非生产资产,生产资产细分为固定资产、存货和贵重物品,对其中固定资产又进行了进一步细分。因此,我国 2016 年颁布的国民经济核算体系(CSNA2016)对非金融资产的划分与 SNA2008 保持一致,具体如表3-4所示。

表 3-4 国民经济核算中非金融资产的主要内容

非金融资产	概念	核算对象			
生产性资产	SNA生产范围内作为生产过程的产出而形成的非金融资产	固定资产	其他建筑和构筑物	住宅	
				非住宅建筑	
				其他构筑物	
				土地改良;包括土地的所有权转移费用	
			机器和设备	交通设备	
				信息、计算机和通信技术设备	
				其他机器和设备	
			武器系统		
			培育性生物资源	重复提供产品的动物资源	
				重复提供产品的林木、庄稼和植物资源	
			非生产资产所有权转移费用		
			知识产权产品	研究和开发	
				矿藏勘探和评估	
				计算机软件和数据库	
				娱乐、文学或艺术品原件	
				其他知识产权产品	
		存货	材料和用品		
			在制品	育得生物资产的在制品	
				其他在制品	
			制成品		
			军事存货		
			供转售的货物		
			贵重物品		
非生产性资产	通过生产过程以外的方式形成的非金融资产	自然资源			
		合约、租约和许可			
		外购商誉和营销资产			

(二)国民经济核算中非金融资产的估价

在资产负债表中,实际核算应该采用现期市场估价原则,但在实施过程中常常难以实施,由于微观会计记录的资产负债表是进行国民经济资产负债核算的重要资料来源,而会计核算普遍采用历史成本价作为计价原则,所以,初级水平的国民资产负债核算常常直接采用历史成本价,只有在各方面条件具备的情况下,才会通过重估价的方法(主要是永续盘存法)实现现期市场价估价。我国虽然对国有资产进行过重估价探索,但目前主要采用历史成本价编制国民资产负债表,由于重估价问题一直没有解决,所以我国也一直没有公布国家资产负债表。

1.生产资产的核算

由于永续盘存法实施要求较高,目前我国关于固定资产的核算依然采用的是基于历史成本价格的直接测算方法。

国民经济核算指导手册中也明确指出存货应该分别按照相应的市场价格进行估价,然后加总起来得到总价值;存货变化指核算期内入库的存货价值减去出库的存货价值,存货出库和入库的价格应分别按照出库时和入库时通行的市场价格进行记录。但是和固定资产核算一样,原则上存货总价值不应该采用会计核算中以历史成本计价的存货数据,但由于实际中无法从其他渠道获取数据,最终我国国民经济核算采用会计核算的存货数据作为基本资料来源。

贵重物品净获得是指核算期内获得的贵重物品价值减去处置的贵重物品价值。考虑到贵重物品的基本作用是收藏,所以原则上应该按照现期市场上的交易价格或者估算价格对其进行估价,当缺乏有组织的市场,可以参考相关信息进行估价。

2.非生产资产核算

非生产资产投资包括有形非生产资产投资和无形非生产资产投资。非生产资产投资要按照当期发生的净购买(净获得)核算,即当期购置非生产资产所付价款扣除出售非生产资产所得价款的净值。

对这些资产进行核算,主要思路是:如果有相关市场交易价格,按照实际的或类似的交易价格估价,核算资产价值;土地等资产常常具有评估价值,也可以作为估价基础参考使用。在没有市场交易参考的情况下,则需要采用未来收益现值法估算其资产价值。

四、国民经济核算关于金融和非金融资产估价的国际经验

(一)金融资产负债估价的国际经验

关于国家资产负债表的编制已经有较长时间的历史,亚当·斯密的《国富论》发表前,就有了国家资产负债表编制的萌芽。配第在其著名的《政治算术》中估算并比较了英国、荷兰、法国的财富。1936年,有美国学者提出把企业资产负债表编制技术应用于国民经济的构想。资产负债核算作为一种成熟的宏观经济核算方法,形成于20世纪60年代。作为此领域的开创性工作,戈德史密斯等人曾编制了美国自20世纪初至1980年若干年份的综合与分部门的资产负债表。英国自20世纪60年代中后期开始试编国家资产负债表,2008年的全球金融危机一定程度上推动了世界各国资产负债表的编制进程。

资产负债表的编制发展至今,估价仍是资产负债核算的一大难点,需要不断完善。原则上,资产负债表中的资产负债应采用市场价格估价。但现实中,有许多资产和负债在核算期内没有相应的市场交易,需要进行重估价。针对不同的资产和负债,编制制度中采用了相应的重估价方法,这些重估价方法还需要在实践中,不断摸索、积累经验,进一步改进和完善。

目前,大部分OECD成员国家都公布了不包括实物资产的金融资产负债表。美国、加拿大、日本、澳大利亚等发达国家的官方统计部门还定期编制和发布包括部分机构部门或所有机构部门的国家资产负债表,仅加拿大编制地方政府部门资产负债表。各国的资产负债表都是以联合国等国际组织制定的国民账户体系为标准,但各国根据本国国情,资产负债表在机构部门划分、资产负债范围和分类、估价方法上并不完全一致。接下来对资产负债核算较为成熟的国家的重估价方法进行简要介绍。

1.澳大利亚国家资产负债表采用的估价方法:重置成本、净现值

澳大利亚使用了以下两种方法为资产负债表近似计算现行价格:

重置成本法。在现实条件下更新或重置资产的现时成本减去累计折旧损耗的差额。最常用的方法是永续盘存法(PIM),从资产形成额的流量数据出发,结合资本的价格指数,用逐年递推的方法得出固定资产重估价值。在对生产性固定资产和耐用消费品进行估值时便采用了该方法。澳大利亚采用的核算方法将资本存量和资本服务的核算纳入了一个统一的框架下,并反映了二者之间的联系。

净现值法。要求计算资产预期未来净收入流量的价值,然后再按适当利率在资产的预期使用年限之间对该价值进行贴现。此方法主要适用于债券等市场价格相对不活跃但在未来有稳定现金流产生的资产。就自然资源而言,预期收益相当于贴现预期经济租金流量。

2. 加拿大国家资产负债表采用的估价方法：市场价值、面值

加拿大采用永续盘存法对有形资产进行一致估价，可获得重置成本估值；金融资产和金融负债一般按照市场价值或面值进行估价；对于以外币计价的资产类别采用期末汇率换算成加元来表示。

加拿大是资产负债表编制最成熟和领先的国家之一，从编制历史成本价的资产负债表，到编制重估价的资产负债表，经过了20年的时间。目前，加拿大自然资源存量账户包含实物量和价值量计算的年度净现值估计值，数据起始年份为1970年，国家层面和各地区层面都有该类详细的年度账户。

3. 捷克国家资产负债表采用的估价方法：市场可观测价值、账面价值

捷克资产负债表在ESA2010原则下编制，所有部门和金融工具分类标准都同SNA2008一致。制表所用大部分数据由捷克国家银行提供，小部分则来自捷克国家统计局等其他机构。在核算时，一般用到如下两种方法估算资产负债价值。

市场价值，即市场上能观测到的当前价值。货币黄金和特别提款权、上市股票、金融衍生工具、投资基金份额等工具以市场价格估值。

账面价值。对于通货和存款、债务性证券、贷款、非上市股票、保险和养老金计划、其他应收/应付账款也可以使用账面价值代替市场价值进行估算。

4. 英国国家资产负债表采用的估价方法：市场可观测价值、名义价值

即资产负债表编制日或清算时以本国货币计量的市场交易价值。更为具体地说，可转让的金融资产和负债，如债务性证券、股票和投资基金、金融衍生品，存在可观测的市场价值，按照市场价值来估价；对于不可转让的资产和负债,按照名义价值进行估价。

5.美国国家资产负债表采用的估价方法:市场价值

根据 Goldsmith 的《美国国家资产负债表研究》,美国编制的国家资产负债表中包括所有能用货币计价的有市场价值的金融资产和负债,并且要求所有的经济主体都遵循国民会计原则的标准来定价金融资产负债项目,主要包括以市价估价的存款、保险和养老储备金、债券、贷款、公司股票等。

6.日本国家资产负债表采用的估价方法:重置成本

日本在编制国家资产负债表时,参考企业资产负债表的编制方法,包括折旧、提取准备金、重估价等。日本的国家资产负债表并不仅仅将国家资产、负债相关各报表信息简单合并,而是将以往未被作为报告内容的公共财产等的信息进行了重新估算,采用了折旧、提取准备金等企业会计的方法。

7.主要经济体国家资产负债表信息概览

目前世界主要经济体国家资产负债表的发布机构、获取途径以及基本参考文件总结如表3-5所示。

表3-5 世界主要经济体国家金融资产负债表信息概览

国家	发布机构	查询网站	编制金融资产负债表的基本参考文件
澳大利亚	澳大利亚统计局(Australian Bureau of Statistics,ABS)	http://www.abs.gov.au/	SNA2008/ASNA
加拿大	加拿大统计局(Statistics Canada)	http://www.statcan.gc.ca/	SNA2008/CSNA2012
英国	英国国家统计局(Office for National Statistics,ONS)	https://www.ons.gov.uk/	SNA2008/ESA2010

（续表）

国　　家	发布机构	查询网站	编制金融资产负债表的基本参考文件
美国	美联储（The Federal Reserve System）	https://www.federalreserve.gov/	SNA2008
日本	日本总务省统计局统计研修所（Statistics Japan）	http://www.stat.go.jp/	SNA2008
捷克	捷克国家银行（The Czech National Bank）	http://www.cnb.cz/cs/index.html	SNA2008/ESA2010

（二）非金融资产负债估价的国际经验

非金融资产核算主要包括生产资产和非生产资产核算，其中生产资产核算中的资本形成核算是我国国民经济核算中的重要部分，主要包括固定资本形成核算和存货变化核算。

在实际核算中，固定资本形成核算的数据来源主要是固定资产投资额统计，存货变化主要依靠各主要产业部门的会计资料和其他有关资料进行估算。而当前国际会计准则、美国会计准则以及中国会计准则均要求对固定资产和存货采用公允价值进行计量，这与国民经济核算中要求采用市场价格对二者进行计量的要求不谋而合，考虑到企业会计核算资料是国民经济核算的基础，因此，研究分析固定资产和存货的公允价值计量对于提高国民经济核算数据质量具有重要意义，因而接下来分别就公允价值计量在固定资产和存货中的应用进行探讨。

1.公允价值在固定资产核算中的应用

固定资产是生产过程中被反复或连续使用一年以上的生产资产。固定资产的显著特征并不在于其具备某种物理意义上的耐用性,而是它可以在一段超过一年的长时期里反复或连续地用于生产。

(1) SNA2008

SNA2008指出,原则上固定资产应当按照相同技术规格和年龄的资产在市场中的通行价格进行估价。另外,应该尽量保证一项新固定资产的初始价值是其获得时市场通行的价值。

(2) 美国国民收入和生产账户

美国国民收入和生产账户(NIPA'S)指出只要可行,美国非金融资产的核算以市场价格为基础进行估值。市场价格是心甘情愿的买家从心甘情愿的卖家那里得到的东西的价格。

(3) 欧洲共同体国民经济核算体系

欧洲共同体国民经济核算体系指出,对于非金融资产,资产和负债将使用当前市场价格或者与资产负债表有关的日期的价格进行估计。当没有可观察到的价格,必须尝试估计价格,估计出来的价格应该是如果该项资产在当时的市场可以获得时的价格。

(4) 固定资产的公允价值

固定资产公允价值,是指市场参与者在计量日发生的有序交易中,出售一项固定资产所能收到的价格。固定资产中公允价值计量应严格遵守其定义。在确定固定资产的公允价值时,如果有活跃市场的同类或类似固定资产交易的,按照其公开市场报价作为公允价值。如果没有同类或类似固定资产的市场公开报价的,可以按照活跃市场上同类或类似固定资产交易的最近交易价格作为公允价值,但需要考虑交易状况、时间、区域等因素对公允价值的影响作出合理调整。如果也没有活跃市场上同类或类似固定资产交易的最近交易价格的,可以基于未来收益观和现金流量观估计公允价值。

2.公允价值在存货核算中的应用

(1) SNA2008 中的存货核算

SNA2008 中指出,存货可以是生产者作为投入而持有的材料和用品、尚未出售的产出,或者是批发商和零售商持有的商品。对于存货,应当用资产负债表编表日期的价格进行估价,而不是用产品进入存货时的价格进行估价。在资产负债表中,存货的数据常常通过调整工商会计中存货的账面价值来进行估算。

(2)美国国民收入和生产账户

美国国民收入和生产账户(NIPA'S)中的企业存货变化(CBI)是美国国民生产总值(GNP)的组成部分,它是以现期价格估价的企业存货的实物量变化。

(3)欧洲共同体国民经济核算体系

在欧洲共同体国民经济核算体系中,存货变化通过库存变动这一名词来表示。对于库存变动的估价,欧洲共同体国民经济核算体系规定库存变动必须计算以下各项之间的差额:(1)库存增加,按购买者价格计算价值;生产者拥有的库存则按基本价格计算价值。(2)库存减少,在提货时,使用者、批发商、零售商拥有的库存,按重置成本即现行购买者价格计算;生产者拥有的库存,按基本价格计算。

(4)存货的公允价值

在存货的计量过程中,最常出现的三种价格是基本价格、生产者价格和购买者价格,这三种价格都属于市场价格的范畴,表3-6 对这三种价格进行介绍,以便进一步理解存货的公允价值计量。

表 3-6 三种价格包含内容对比

价　格	包括内容	不包括内容
基本价格	包括生产者从政府那里获得、用于降低向购买者所收取价格的所有产品补贴	在销售发票上单列的增值税或类似可抵扣税 生产者从购买者那里获得、再转移给政府的任何产品税
生产者价格	产品税(每单位产出的应缴税额)	在销售发票上单列的增值税或类似可抵扣税 产品补贴(每单位产出获得的补贴)
购买者价格	购买者另行支付的货物运输费用,这部分不包括在生产者价格中 购买者支付的任何不可抵扣 VAT 税额 批发商零售商的毛利。	任何可抵扣 VAT 或类似可抵扣税

资料来源:作者根据 SNA2008 整理而来

所以对于初期计量过程中的存货公允价值,当活跃市场上存在按要求计量的基本价格、生产者价格、购买者价格时,以其合适的价格为基础确定其公允价值;当不存在活跃市场以及计量要求的价格时,首先看有没有相似物,如果有,以相似物的公允价值确定存货的公允价值;当既没有活跃市场,也不存在相似物时,需要采用相应的估价方法确定。

存货期末计量采用成本与可变现净值较低者。可变现净值是从某种角度来说的存货的公允价值。

(三)公允价值在其他金融资产核算中的应用

除了固定资产和存货,贵重物品和非生产资产核算也要求采用合理的价格估计其价值,具体如表 3-7 所示。

表 3-7　国民经济核算中其他非金融资产的估价

核算对象	SNA2008	欧盟
贵重物品	1.现期价格 2.如果有组织良好的市场,应当按实际购买价格或估算的购买价格估价	1.有组织的市场:市场价格 2.没有:估价与目前价格水平保持一致
自然资源	1.土地:市场价格(土地) 2.其他资源:未来现金流	1.土地:市场价格(土地) 2.其他资源:未来现金流
合约、租约和许可	市场价格	在市场上进行交易时采用市场价格;否则采用未来现金流
外购商誉和营销资产	用购买一家持续正常经营企业而支付的金额,减去该企业的总资产与其总负债之差	

第三节　债券估值和收益率曲线在我国资产负债核算中的应用实例

一、金融资产负债估价理论的中国实践

目前,我国关于资产负债核算的估价问题正处于全面探索阶段。本节从理论上探讨现阶段中国国民经济运行过程中,债券公允价值可以应用于哪些金融资产的估价。

表 3-8　可应用公允价值估价的金融资产

金融资产	是否可用公允价值估价	是否可应用债券公允价值估价
通货	不存在估价问题,其价值就是本身的名义价值,即面值	根据本身面值估价
存款(贷款)	买卖频率较低,公允价值获取难度大且一般在存款(贷款)合同上有明确的价值计量方法	根据合同注明计量方式估价
股票和其他基金份额	存在活跃的交易市场(交易所、做市商等),公允价值容易获取,可用于估价	根据市场价格估价
债务性证券	部分存在活跃的交易市场(银行间),公允价值容易获取可用于估价;部分交易频率极低,公允价值难以获取,需运用估值模型得到公允价值的估计值	中债估值可为其提供估值
应收应付款	不存在交易市场公允价值获取难度大。且一般在买卖合同上有明确的价值计量方法	根据合同注明计量方式估价
保险、年金、养老金以及标准化担保计划的准备金	不存在交易市场公允价值获取难度大。且一般在买卖合同上有明确的价值计量方法	中债收益率曲线可为其估值提供参数
储备资产	此类资产只能由国家持有,不存在活跃的交易市场因此也几乎不存在公允价值,一般以双边协议价格或国际组织定价进行估价	根据协议或国际组织定价估价
金融衍生工具	存在活跃的交易市场(交易所、做市商等),公允价值容易获取,可用于估价	中债收益率曲线可为其估值提供参数
雇员股票期权	国际标准核算指导手册规定根据所授予的权益工具的公允价值进行估价	中债收益率曲线可为其估值提供参数

从表3-8可以看出,在可以用公允价值进行估值的金融资产中,债务性证券是相对特殊的一项。相比于股票和金融衍生工具,其市场活跃度

相对较低，仅部分品种的债券仍然具有可获取的公允价值。某些交易频率很低的长期债券（常见于持有到期投资）不存在或存在稀少的成交价格，并不能及时地反映核算时点该项债券资产在市场上应有的公允价值，此时就需要运用科学的估值模型并且能保证实时更新的估值用以作为公允价值。

国际通用的国民经济核算指导手册SNA2008是我国进行金融资产估价探索的理论基础。在SNA2008中，针对如何确定不同类型的债务性证券在期末资产负债表中的登录价格做出了如下说明：

短期证券及对应的负债应以其当期市场价值进行估价。在高通货膨胀或高名义利率情况下，特别需要以此种方法估价。

长期证券应当始终按其市场价格估价，无论它们是定期支付利息的债券，还是付息很少的高贴现债券或不付息的零息票债券。其价格总是要将随时间发生的利息包括在内（即全价）。尽管长期证券发行者的名义负债可以固定为某一货币金额，但利息固定的证券的市场交易价格却可以随一般市场利率的波动而有相当大的变化。长期证券发行者通常有机会在市场上购回该证券来清偿其债务，因此按市场价格估价对长期证券的发行者和持有者都是合适的，特别是那些积极管理资产或负债的金融交易者。

对于指数化债务证券，在资产负债表中也应按照市场价格估价，而不管与证券相挂钩的指数具有何种特点。

如果一项债务工具的本金和息票以某种外币为参照而被指数化，应当将该项债券视同外币计价，要按资产负债表编制日的中间点汇率将外币兑换为本币。可以看出，无论何种债券，SNA2008对其的估价原则始终都围绕着"市场价格"展开。

众所周知,SNA2008是由货币基金组织、欧洲联盟委员会、经济与发展合作组织、联合国和世界银行等国际性组织联合编纂的国民经济核算指导手册。拥有成熟国民经济核算体系的欧美发达国家往往在这些组织中具有绝对的话语权,SNA中关于债券的估价原则也是相对最适用于这些拥有发达完善金融市场的发达国家。对于债券市场不够完善成熟的发展中国家来说,债券的市场价格的获取存在一定困难。

现阶段,我国债券市场由银行间市场、交易所市场和商业银行柜台市场构成。银行间(场外)市场是债券交易的主市场,其债券存量和成交量约占全部市场的90%以上,银行间市场的主要参与者往往都是各类机构投资者,这些投资者之间发生的债券交易可以理解为大宗交易,成交价格的确定方式由双边谈判、逐笔结算;商业银行柜台市场是银行间市场的延伸;交易所市场的成交方式和股票市场一样,属于集中撮合成交的零售市场,以此种交易方式产生的成交价格理论上是最贴近市场价格的。但目前我国债券场内市场规模远不及股票交易所市场,仅有约10%的债券在交易所交易。

一方面,相比于股票等金融工具,债券不具备在场内市场形成高频率成交数据的条件。从一般的经验数据来看,每天大约有90%以上的债券没有交易发生,所以客观上也不得不对债券进行估值。

另一方面,场外市场又是以交易双方自主谈判的询价交易为主,此种方式容易产生与"市场价格"相去甚远的异常价格,所以也无法完全依靠场外市场形成真实准确的价格。这一点对国民经济核算中存量债券资产的核算的准确性带来了困难。

在此情况下,过去资产负债核算采用的历史成本计量原则,既不满足SNA2008使用的"机会成本"概念,也不能体现SNA中强调的"市场性"原则。所以依照SNA2008的核算估价原则,对于债券这项资产,有必要以合理的估值方法估算其核算时点的市价。

鉴于国民资产负债核算在宏观经济管理、政策制定、衡量经济增长等方面起着举足轻重的作用,对国民资产负债表中所使用的估值数据应尽量保障其公允、真实性。债券的估值正是最能体现"市场性"的一种价格,用核算时点债券的估值进行存量核算有助于健全、完善我国的资产负债存量核算体系。对于存在活跃市场的债券品种,基于市场成交价格的估值就是其公允价值,对于不存在活跃市场的债券品种,则应当用合理的估值方法得到估值作为其公允价值。

对于债券公允价值的估算有一点值得注意,那就是若由机构单位内部财会人员采用估值技术编制债券估值,那么在估值的公允性方面可能存在天然的缺陷。这是因为对债券估值模型的贴现率的选择和对未来现金流量的估计均离不开对未来事项和不确定性的主观判断,由于主观判断因素的存在,机构单位内部会计人员很难做到保证其对估值所需参数的判断不受公司自身经营目标的影响。

所以为保证国民经济核算的准确性、使国民经济核算结果更好地为宏观管理服务,对债券的估值应尽量避免内部估值,而更多地采用外部估值数据。目前,我国市场上有大量提供外部估值服务的第三方专业机构。在众多估值中,"中债估值"是现阶段市场上最权威的专业性外部估值之一。通过构建科学的估值模型,"中债估值"已经实现境内各币种债券品种估值全覆盖,目前每日发布58000余条债券估值信息——满足资产负债核算所需数据对即时性、准确性的要求。

表 3-9 中债估值对各类券种的估值情况

	中央结算公司	中证指数公司	上海清算所	外汇交易中心
国债	198	201	0	195
政策银行债	393	390	5	370
地方政府债	2643	2249	13	0
央行票据	0	0	0	0
政府支持机构债	125	125	121	123
一般企业债	2713	2710	2713	2529
集合企业债	14	15	14	19
一般中期票据	3302	3276	3302	2730
一般短期融资券	532	530	532	524
超短期融资券	1015	1014	1015	119
一般公司债	1676	1666	1676	0
交易所私募债	2302	2182	2202	0
非公开定向融资工具	2220	385	2220	0
集合票据	2	0	2	0
商业银行债	216	212	5	0
商业银行次级债	309	315	0	0
证券公司债	418	401	197	0
证券公司短期融资券	4	4	4	0
银监会主管 ABS	328	322	10	0
证监会主管 ABS	1886	1934	1	0
交易所协会 ABN	57	39	75	0
国际机构债	7	7	6	0

（续表）

	中央结算公司	中证指数公司	上海清算所	外汇交易中心
同业存单	10565	10506	10506	10565
保险公司债	35	32	0	0
其他金融机构债	88	86	24	2
优先股	29	18	0	0
总计	31048	28722	24643	17176

数据截至 2017 年 6 月

二、非金融资产公允价值核算的中国实践

在核算内容上，我国最新的《中国国民经济核算体系 2016》中规定的非金融资产核算范围基本与 SNA2008 保持一致，报告第二部分已经进行介绍，在此主要说明我国国民经济核算体系中非金融资产的核算准则，尤其是对估算价格的选取。

在资产负债表里，非金融资产的核算以核算期市场价格作为基本估价原则。对于在市场上发生的货币支付交易，按市场价格估价；对于没有发生货币支付的交易，免费或以不具有显著经济意义的价格提供的非金融资产，按市场上相同或相近的非金融资产的市场价格估价，或按所发生的实际成本估价。

资产负债核算原则上按编表时点的市场价格估价。固定资产通常采用永续盘存法进行估价。存货按编制资产负债表时点的市场价格进行估价。自然资源资产的估价分为两类：一类是在能够获得市场价格信息的情况下，按编制资产负债表时点的市场价格估价；另一类是在不能得到市场价格信息的情况下，需要采用减记重置成本法或未来收益净现值法估价。

对于自然资源资产负债表,其主要用来反映自然资源资产(土地、矿产、林木、水资源等)期初期末存量水平,以及核算期间的变化量。表的主栏为自然资源资产期初期末存量及本期增加量和减少量,宾栏为自然资源资产分类。按照计量方式不同,自然资源资产核算表可分为实物量核算表和价值量核算表。价值量核算表是在实物量核算表的基础上,采用市场价格估值。在没有市场价格情形下,采用重置成本法或未来收益净现值法等方法估值。

在我国国民经济核算体系中,强调采用市场价格对各项非金融资产进行计量,在无法获得市场价格的情况下,可以采用相似的非金融资产的市场价格进行估计,如果没有相似的非金融资产,国民经济核算指出可以采用未来现金流等方法折现这些非金融资产的价值。

公允价值(Fair Value,FV)意指公平的市场价格,公允价值是基于市场信息的一种评价,而不是其他主体对资产或负债的主观认定。市场上集聚了各行各业的供需者根据自身掌握的信息进行竞价,通过公平自愿的方式进行交易,从而使得市场价格具有"公允性"。当一项交易或事项还未发生,但其对应的市场价值信息发生变动,就应该对其采用当前市场的价格进行估计,当缺乏市场价格时应该采用现值估值技术进行估计。公允价值是一种特殊的计量属性,能够准确反映计量对象的内在价值,代表的是预期的现金流量按照当前的市场风险报酬率折现得到的一种现行价值。

市场活跃意味着交易频繁,交易频率足以提供持续性的定价。对应地,不活跃市场无法提供持续性的定价,交易不够频繁,交易频率低,没有规律的交易性活动。从总体上来讲，所有非金融资产公允价值在确认上主要分为三种情况。

1. 活跃市场环境下

当非金融资产存在活跃市场时，以其市场价格为基础确定公允价值。交易的市场价格是指有意购买者从有意出售者手中获得某物所支付的货币数额。根据这个严格定义，市场价格仅指一定条件下一个特定交换的价格。

2. 不活跃市场但有相似物存在活跃市场

在不存在活跃交易市场的情况下，当市场上有类似的资产时，依据类似资产的近期交易价格确定目标资产的公允价值。该方法称为市价法，市价法强调的是一项资产或负债的价值等于能够带来同等效用的相同或相似的替代品的市场价格。市价法适用于具有相同或相似活跃市场的非金融资产。

3. 不活跃市场也没有类似资产存在活跃市场

当市场不活跃时，也没有相似物存在活跃市场时，可以利用资产评估所提供的价格作为获取公允价值的依据。

具体可以通过以下方法：第一，通过定价服务获取公允价值；第二，通过使用模型获取公允价值；第三，高级管理层的内部估值。可以采用的定价模型有：期望现金流量法、估计模型法、销售法。

三、我国分地区和分部门的债券公允价值核算

2013年，党的十八届三中全会通过《中共中央关于全面深化改革若干重大问题的决定》，明确提出编制全国和地方资产负债表这一重大改革任务。

2017年6月26日,中央全面深化改革领导小组第三十六次会议审议通过了《全国和地方资产负债表编制工作方案》等重要文件。会议指出,编制全国和地方资产负债表,要坚持真实与审慎核算相统一、整体推进与分步实施相结合、国际标准与我国实际相协调的原则,明确基本分类,规范基本表式和编制方法,客观、真实、准确地反映我国企业、政府、住户等常住机构部门所拥有的资产负债的规模、结构,为提高宏观调控的科学性和有效性提供统计服务保障。

中央国债登记结算有限公司为全国债券市场提供国债、金融债券、企业债券和其他固定收益证券的登记、托管、交易结算等服务,中债金融估值中心掌握各类债券交易信息,在估值方面有着天然的数据优势和专业优势,中债价格指标是编制全国资产负债表所需的金融市场资料的一项重要资料来源。

根据编制全国和地方资产负债表工作方案的总体要求,推进债券公允价值在编制我国资产负债表中更好应用需要注意以下原则:

一是坚持真实准确与审慎核算相统一的原则。应按照可确认、可计量、可交易、可核算的原则,综合考虑真实性、可行性、谨慎性,对基础资料状况较好、核算方法成熟的项目先进行核算;对核算方法尚不完善、基础数据难以支撑的项目,要进一步加强研究探索,逐步将其纳入核算范围。

二是坚持整体推进与分步实施相结合。要优先支持全国资产负债表的编制;要先满足基本分类的核算,在条件可行的情况下,进一步细化分类;对于数据应用,先内部使用,待成熟后再对外发布。

三是坚持国际标准与我国实际相协调。国际标准主要是2008年的SNA,这一标准有着很强的科学性、权威性,被推荐用于所有经济体制、所有发展阶段的国家。但SNA是框架性的、原则性的，不能完全照搬。并且，我国的国民经济核算体系也正在发展完善过程中，债券公允价值服务我国资产负债表的编制应充分考虑中国的实际，充分考虑我国核算工作的基础和数据需求，逐步提供更好的金融数据资料。

从目前的情况看，我国债券公允价值核算的数据基础较为充分，可在中债价格指标的基础上，结合有关债券公允价值核算方法和实践，核算分地区和分部门债券市值，为编制资产负债表提供相应的基础资料。需指出，本研究课题只获取到在中央结算公司托管的分地区、分部门的债券持有量，对于在上清所和中证登托管的债券（基本为信用债）分地区、分部门的持有分布，假设其与中央结算公司托管的企业债分布类似，采用全市场债券总量扣减中央结算公司的托管量后，按照中央结算公司托管企业债的分布比例，再对扣减后的剩余部分进行分摊，在此基础上加上在中央结算公司托管的分地区、分部门的债券持有量，最后得到全市场债券分部门、分地区的持有情况。

首先对债券市场总体情况进行描述。图3-1显示，国内市场上同期发行和存续的全部人民币债券的面值从2008年的10万亿左右趋势上升到2018年的近80万亿，年复合增长率高达120%。就面值和市值的统计结果差异来看，净价总市值多数时候围绕面值的[-2%,2%]区间波动，但在2008年全球金融危机后、2015年下半年债券牛市、2017年下半年债券熊市等3个时间点超出了2%的波动范围，尤其是2008年金融危机后债券市值相较面值偏离达6%，说明在债券市场情绪较为极端的时期，债券面值与实际的风险状况相差较大，或者说市值相较面值的偏离度较大。类似地，全价总市值因考虑了利息因素后，总体较净价总市值对总面值的偏离整体上移约 1.5%，即围绕面值的 [-0.5%,3.5%] 区间波动，偏离的趋势完全一致。

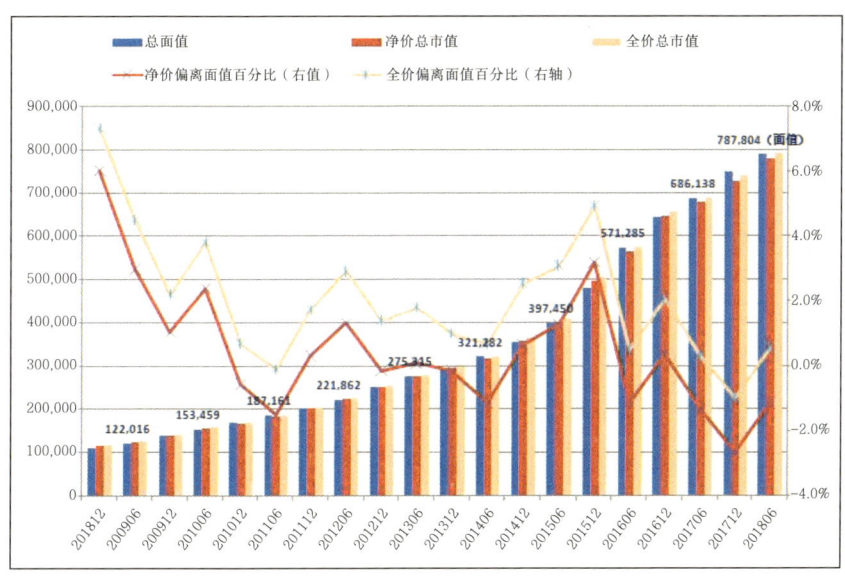

图 3-1　2008 年以来全部债券面值与市值走势及差异比较(面值与市值单位：亿元)

分部门看，图 3-2 显示了截至 2017 年底以净价市值计的分部门债券持有情况(记入各部门资产项)，其中金融机构以 40.3 万亿债券持有居首，占全部债券市值的 55.4%；"资管产品"①持有 19.3 万亿次之，占比 26.6%；其他部门依次为政府及政府支持机构、海外、住户、非金融企业，各持有 11.3 万亿、1.1 万亿、0.7 万亿、89 亿，分别占 15.5%、1.5%、1%、0.0%。本质上，"资管产品"是金融机构代住户或非金融企业等部门持有，所以可将"资管产品"、住户、非金融企业等三个部门合并为实体部门(如图 3-3 所示)，实体部门拥有的债券资产共接近 20 万亿，占全部债券资产的比重为 28% 左右。

---

① 包括公募基金、银行理财、信托、证券公司资管、期货资管、保险资管、私募基金等资管产品。

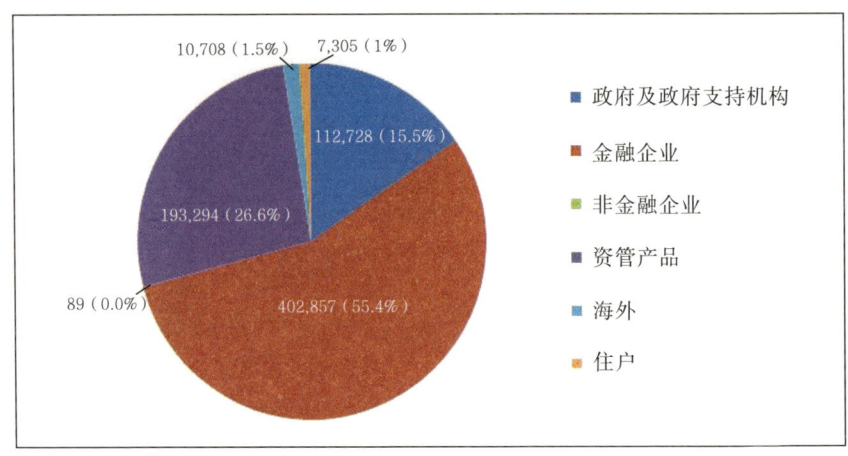

图 3-2 截至 2017 年底分部门的债券持有统计(净价市值,单位:亿元)

图 3-3 显示了各部门截至 2017 年底的债券持有面值和市值情况,以及市值偏离面值的程度。鉴于 2017 年底熊市的债券市场环境,各部门持有债券的市值普遍较面值有负向的偏离,净价市值偏离面值的幅度基本在[-3.8%,-0.6%]之间。其中,海外部门的持有偏离最小,为-0.6%;其次是金融企业部门的债券持有,净价市值偏离面值-2.2%;之后是实体部门(包含住户、非金融企业、资管产品等)的债券持有,净价市值偏离面值-2.8%;政府及政府支持机构的债券持有偏离程度最大,净价市值偏离面值-3.8%。

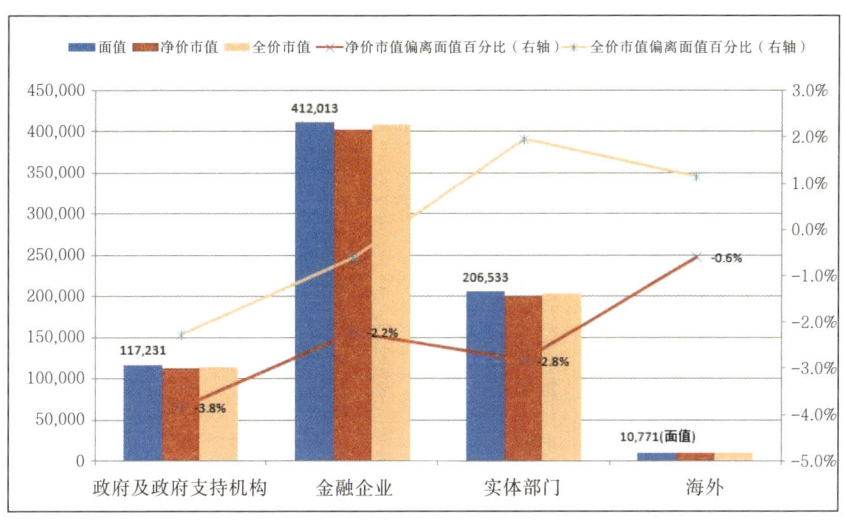

图 3-3 截至 2017 年底分部门债券持有的市值与面值对比 (单位:亿元)

图 3-4 显示了截至 2017 年底分部门的债券发行情况(记入各部门负债项)。从面值来看,政府及政府支持机构以 29.6 万亿债券发行居首,占全部债券面值的 39.7%,金融企业以 26.3 万亿次之,占比 35.2%,其他部门包括非金融企业发行 18.7 万亿(占比 25%)、海外部门发行 230 亿元。从市值与面值的偏离程度来看,基于 2017 年底熊市的债券市场环境,各部门债券发行的市值偏离面值的幅度基本在[-3%,-1.8%]之间,对负债方而言降低了债券融资的机会成本。

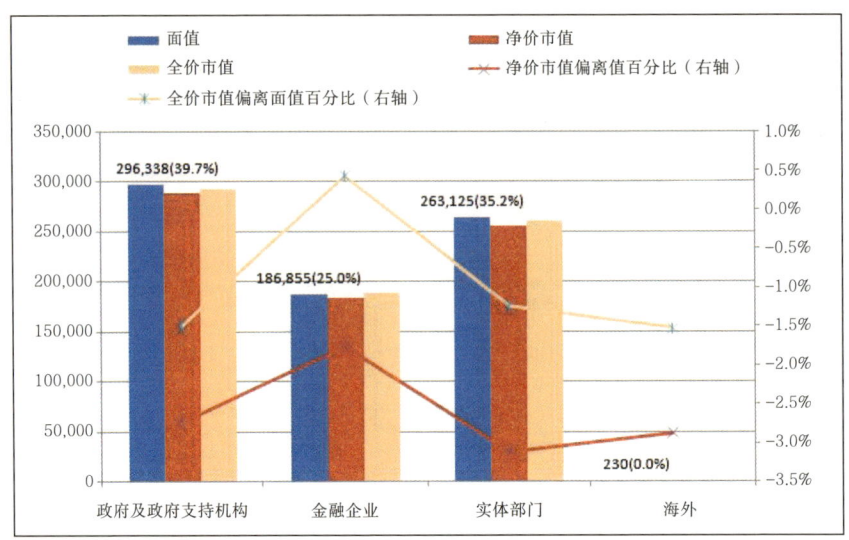

图3-4 截至2017年底分部门债券发行的市值与面值对比（单位：亿元）

分地区看，截至2017年12月31日，以净价市值计债券持有排名前三的省份分别为北京市、上海市、广东省，分别为33.5万亿、18.5万亿、7.1万亿；债券发行排名前三的省份分别为北京市、广东省、江苏省，分别为36.0万亿、3.8万亿、3.5万亿。图3-5、3-6清楚显示，各地区而言，债券资产及负债主要集中在北京、上海、广东、江苏、浙江、福建等地区。北京市的债券发行和持有远超其他地区，这主要因为国债、国开债及其他政府支持债券、主要金融机构的金融债券的发行或持有注册地均为北京，导致其数字可能高估了北京地区实际的债券资产负债程度。粗略地剔除央票和国债后，北京市的债券持有量约为25.8万亿，发行量约为8.5万元，更接近其真实的债券资产负债情况。总体而言，长三角、珠三角地区是债券发行、持有量较为集中的地区，表3-10、3-11汇总了截至2017年底分地区债券持有、发行情况（净价市值，单位：亿元）。

表 3-10 分地区债券持有量排名

地区	债券持有量	地区	债券持有量
北京市	334746.63	山西省	4137.44
上海市	184869.00	河北省	3160.95
广东省	71244.44	黑龙江省	3089.76
江苏省	14481.30	贵州省	3050.45
福建省	14449.40	江西省	2837.70
浙江省	12698.12	陕西省	2578.22
山东省	9187.95	内蒙古自治区	2265.77
天津市	8380.37	云南省	2170.58
四川省	8325.33	吉林省	1932.64
湖北省	7643.36	广西壮族自治区	1381.35
辽宁省	5635.15	新疆维吾尔自治区	1380.50
重庆市	5579.87	甘肃省	1257.22
湖南省	5570.37	海南省	710.30
安徽省	4690.70	宁夏回族自治区	396.25
河南省	4448.38	青海省	321.28
其他	4164.78	西藏自治区	195.01

表 3-11 分地区债券发行量排名

地 区	发行量	地 区	发行量
北京	368500.80	河北省	10547.18
广东省	38535.72	云南省	9363.91
江苏省	35888.62	陕西省	9095.08
上海	31200.31	内蒙古自治区	8086.45
浙江省	26598.25	山西省	8047.55
山东省	23486.22	广西壮族自治区	7390.37

(续表)

地 区	发行量	地 区	发行量
福建省	19192.36	江西省	6979.12
四川省	15382.96	黑龙江省	5744.35
辽宁省	15228.78	新疆维吾尔自治区	5676.58
重庆	14261.52	吉林省	5376.60
湖南省	14258.22	甘肃省	3024.43
天津	12207.36	海南省	2398.72
贵州省	11732.66	青海省	2105.18
湖北省	11250.11	宁夏回族自治区	1611.10
河南省	11218.88	其他	1421.21
安徽省	10567.34	西藏自治区	170.31

第四节 本章小结

本章主要阐述了债券公允价值在资产负债核算中的应用。目前我国的国家资产负债表编制工作正处于起步阶段，各类资产、负债的估值方法还尚未清晰，债券公允价值和债券收益率曲线可以为债务性证券等各类金融资产以及非金融资产的重估价提供参考或依据。

国家资产负债核算具有重要的政策意义，这是"摸清"国家家底、了解当前经济形势下"风险存量"的一种重要手段。有了国家资产负债表，就可以了解国家净资产的公开数据，国家的"富裕程度"能够得以判断，监管与宏观管理部门便可以及时采取措施防止现有风险的扩大和扩散，这对于宏观经济管理意义重大。具体来说，编制国家资产负债表具有如下几方面意义:首先,资产负债核算为宏观经济管理提供依据;其次,资产负债核算体现了存量、流量之间的有机联系;最后,衡量了经济发展的结果。

资产负债核算的历史由来已久,美国自20世纪60年代起最早开始研究资产负债表的编制,其他发达国家如英国、加拿大、澳大利亚以及日本等也纷纷从20世纪七八十年代开始编制本国资产负债表。这些国家的资产负债表的核算内容、估价方法、报表结构等方面的国际经验都为我国探索中国国家资产负债表提供了参考。本章也对此进行了陈述与总结。

债券估值和债券收益率曲线在我国资产负债核算中的应用是本章的重点论述内容。债务性证券可由债券估值直接进行估价,根据国际通用手册SNA2008的要求,要注意区分债券种类并使用不同的估价方法,但无论何种债券,SNA2008对其的估价原则始终都围绕着"市场价格"展开。保险、年金、养老金以及标准化担保计划的准备金、金融衍生工具、雇员股票期权在不存在市场价格时,可以使用债券收益率曲线中的利率作为参数进行估价。满足国民经济核算估价所要求的权威性、全面性、真实性等数据质量要求,是债券估值和债券收益率曲线应用于国民经济核算的重要数据来源和基础。

本章最后选取了"债务性证券"资产为例,进行了定量核算。在"中债估值"的数据基础上结合债券公允价值计算方法,核算分地区和分部门债券市值,为编制资产负债表提供相应的基础资料。

第四章 资金流量核算：债券收益率曲线在雇员股票期权公允价值计量中的应用

第一节 雇员股票期权公允价值计量的基本方法

一、研究背景与意义

(一)研究背景

雇员股票期权(Employee Stock Options, ESOs)最早起源于1972年的美国,作为一种隐形的员工报酬,雇员股票期权受到越来越多国家的青睐,企业也期许通过此种方式激励员工。在西方国家,雇员股票期权发展态势较好,许宪春(2006)在其研究中写道:《财富》杂志2004年的统计数据显示,在其排名前1000家的美国企业中,已经有90%的企业采用雇员股票期权作为其高级管理人员的报酬。荷兰统计局2000年的数据显示,荷兰全社会的总薪资中约有2%是通过雇员股票期权支付的[①]。

中国最早采取雇员股票期权激励计划的是深圳万科,开始于1993

---

① 许宪春,吕峰.关于雇员股票期权的核算——1993SNA 修订问题研究系列之三[J].统计研究,2006(05):3-6.

年,随后上海贝岭、四通、联想方正集团相继推出雇员股票期权计划。我国也于1999年中共十五届四中全会《关于国有企业改革和发展若干重大问题的决定》中正式地指出企业可以试行经理(厂长)"持有股份"等分配形式,此后我国许多企业以上市公司为主,开始积极实践股权激励制度的创新发展。伴随着我国经济日益蓬勃、金融市场逐步成熟,我国企业对雇员股票期权制度的需求逐渐显露。2006年颁布的《上市公司股权激励管理办法》(试行)正式实施以后,越来越多的企业将雇员股票期权纳入企业管理模式并以此激励员工,雇员股票期权在我国上市公司中的接受面和实施面日益扩大。

根据学者杜治秀(2014)的研究,截至2012年,我国雇员股票期权计划已经涉及16个行业门类,46个行业大类,雇员股票期权在我国得到全面推行,得到各行各业的广泛支持。另外,根据杜治秀学者的测算结果,雇员股票期权报酬占就业工资的比例在2011年达到0.35‰,虽然当时的比重还比较小,但是随着中国经济和社会的发展,它必将成为劳动者报酬中不可忽视的一部分,会对国民收入分配格局产生影响[①]。

据中国证券监督管理委员会统计,截至2015年底,实行股权激励的上市公司数量增长至808家,其中,229家公司推出两个或两个以上的股权激励计划,涉及的股权激励计划总计达1110个。实行股权激励,对于上市公司在调动员工积极性、提升公司业绩方面发挥了显著作用,其中对科技型、创新型公司的推动尤为明显。企业一方面需要通过股票期权留住人才,另一方面采用股票期权可以避免外部融资溢价给公司带来的高成本。

联合国出台的《国民经济核算体系2008》和中国国家统计局发布的

---

① 杜治秀.中国公司雇员股票期权的宏观经济核算[J].调研世界,2014(04):53-58.

《中国国民经济核算体系 2016》均首次将雇员股票期权引入国民经济核算体系,并明确指出应采用公允价值对其进行核算,因此有必要进一步探讨雇员股票期权的核算问题。由于任何资产都有存量核算和流量核算,国民收入分配属于资金流量核算范畴,为了探讨雇员股票期权对国民收入分配格局产生影响,本部分将从资金流量核算的角度研究我国雇员股票期权的公允价值的具体核算方法。

(二)研究意义

1.雇员股票期权首次纳入国民经济核算体系

虽然雇员股票期权一直以来受到企业的青睐,但是国民经济核算对于雇员股票期权的处理方法一直没有明确的规定,直到 2008 年,新修订的国民经济核算文件才正式提出将雇员股票期权纳入国民经济核算体系,在金融账户中记录雇员股票期权的交易,对应由股票期权价值所代表的雇员报酬,并且规定采用公允价值对其价格进行计量。SNA2008 颁布之后,我国并没有立刻将雇员股票期权纳入国民经济核算体系,直到 2016 年新修订的《中国国民经济核算体系 2016》才将雇员股票期权作为劳动者报酬正式纳入国民经济核算范围。

CSNA2016 并没有给出有关雇员股票期权估价的相关核算准则。我国国民经济核算体系的制定向来以 SNA 为参考准则,一直在向国际标准靠齐。随着我国经济全球化、金融市场标准化以及会计准则的规范化,为保证国民经济核算体系的国际可比性,在核算准则上,我国一直以 SNA 为基础,同时根据中国实际情况在某些方面做了灵活处理,以逐渐提高我国国民经济核算体系与 SNA 体系之间的衔接程度。

对于雇员股票期权的估价,SNA2008 提倡参考 IASB 相关规定,采用公允价值法对其进行核算,虽然我国国民经济核算体系并没有明确给出我国雇员股票期权的估价方式,但我国会计准则对于雇员股票期权估价参照的也是国际标准,采用公允价值法计量。因此我国国民经济核算体系应该以 SNA2008 和 IASB 制定的会计准则等为依据,采用公允价值进行计量。

2.公允价值核算的优点

第一,公允价值法下的雇员股票期权估价是未来趋势。

就全球来看,公允价值法已经成为一种发展趋势,雇员股票期权计量从采用内在价值法发展到采用公允价值法的转变,表明了会计信息披露的质量和可靠性正在提升,其对市场的反映程度也日益真实、公允。目前国际上的很多国家制定会计准则时,针对雇员股票期权估价采用的方法均为公允价值法。国际会计准则更是如此,因其作为各国制定会计准则的参考模范,公允价值法得到广泛应用。SNA2008 借鉴国际会计准则的相关规定,确定将雇员股票期权作为劳动者报酬引入国民经济核算体系,并提出采用公允价值对其进行计量的要求。这一举动为依据 SNA 制定本国国民经济核算体系的国家提供了雇员股票期权在国民经济核算账户中核算问题的解决途径。一方面,中国会计准则在制定上借鉴国际会计准则,在考虑公允价值概念和应用范围方面与国际会计准则基本实现了趋同;另一方面,我国国民经济核算体系的制定一直以来都是以 SNA 为参照基准,而 SNA 在雇员股票期权估价上参照国际会计准则给予的建议,这样的联系进一步表明我国国民经济核算体系采用公允价值法计量雇员股票期权价值的必然性。

第二,公允价值法具有显著的优越性。

采用公允价值计量的优越性主要表现为信息的相关性、可靠性、较高的信息透明度：其一，公允价值的相关性和可靠性是密切相连的，可靠性顾名思义就是蕴含的信息真实且值得信赖，相关性是指会计信息能够为决策者做出正确决策提供信息基础，指的是与决策相关。公允价值会计信息是对市场信息的真实反映，能反映企业真实的财务状况和经营成果，信息含量高，对决策者来说更有价值、更加可靠。其二，运用公允价值计量雇员股票期权并进行披露能确认企业隐藏的未被反映的雇员报酬价值，是企业经营过程中的真实利润，使市场上其他参与者了解企业真实盈利情况，减少了双方之间的信息不对称。

第三，公允价值法核算我国雇员股票期权的可行性。

公允价值最好的度量是市场价值，需要保障交易过程是公允且双方自愿的。在不存在市场价格的情况下，其计量需要参考其他可观察交易价格来进行相应的调整，或者运用期权定价模型来估计市场参与者进行交易时的价格，从而对市场化程度提出一定的要求。自改革开放以来，我国金融市场从只有单一的贷借款功能的落后体系发展到满足市场化要求的现代化金融体系，金融市场化程度有了突破性的提高，而且在今后的发展中，我国将继续坚持推进金融市场化改革和法治化建设，积极培育公开透明、长期稳定健康发展的资本市场。目前，雇员股票期权制度正被我国越来越多的企业所接受和实施，我国当前期权市场具有运行平稳，定价合理，投资者参与理性的特点，这为采用公允价值对雇员股票期权进行估价奠定了较好的基础。而且我国初步将雇员股票期权纳入国民经济核算体系中，应立即确立统一的核算标准，避免多种方法并存的混乱核算局面出现，采用公允价值法进行核算具有重要的理论意义和现实意义。

二、雇员股票期权及其对国民收入分配的影响

(一)雇员股票期权的概念

雇员股票期权(Employee Stock Options,ESOs)的概念起源于20世纪70年代的美国,并在20世纪90年代得到长足发展。

雇员股票期权是企业授予其部分员工的一种权利,拥有该权利的职工,在未来某个特定时点或者一段时间内,可以按照和企业事先约定好的价格购买一定数量的企业股票。在到期时,雇员可以根据到期日的期权的公允价值与授权日确定的执行价格来决定是否行权,此种模式也进一步意味着雇员股票期权对于其持有者来说,不会有任何负价值。拥有该项权利的员工通常是公司董事、高级管理人员以及核心技术人员等,雇员股票期权不仅仅是企业给予他们的报酬,更是一种激励他们更好地为企业服务的重要方式。

表 4-1 分别列举了国民经济核算体系 SNA2008、美国及我国的雇员股票期权定义和类型。在对股票期权进行核算时,需要明确记录雇员股票期权中包含三个时间——授权日、含权日和行权日。

"授权日"是指期权提供给雇员的日期;"含权日"是指可行权的最早日期;"行权日"是指实际行权(或权利消失)的日期。其中,一些国家允许含权日和行权日之间存在时间跨度可以比较长,但是有一些国家则比较短。SNA 规定雇员股票期权的行权日不能早于含权日,也不能晚于行权期结束日。三者的关系可以由图 4-1 表示。

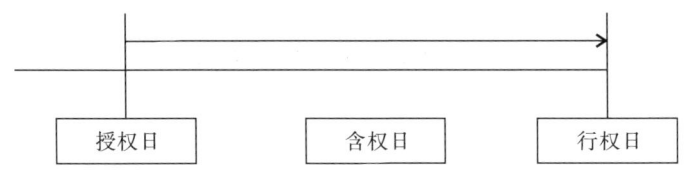

图 4-1 雇员股票期权时间图

在 SNA 体系中,在授权日,雇主与雇员签订协议,赋予雇员将在未来约定的时间向雇主以约定价格购买约定数量的雇主的股票的权力;雇员必须等待一段时间,符合一定的条件,方可得到一项期权。

表 4-1 不同地区关于雇员股票期权的定义

地 区	定 义
美国	法定型期权(ISO):能够获得税收上的很大优惠,持股员工获得的收益按照资本收益征税 非法定型期权(NSO):美国最为盛行的一种雇员股票期权,持股的雇员获得的收益将按照个人所得税税率征税
SNA	雇员股票期权是雇主与雇员在某日(授权日)签订的一种协议,根据协议,在未来约定时间(含权日)或紧接着的一段时间(行权期)内,雇员能以约定价格(执行价格)购买约定数量的雇主股票
欧盟	雇员股票期权是在某一特定日期签订的协议,在规定的时间内,雇员有权在规定的时间内或在兑现日期后的一段时间内,以确定的价格购买指定数量的雇主股票
中国	雇员股票期权是一种劳动者报酬形式,是企业向其雇员提供的一种购买企业股权的期权,即雇主与雇员在某日(授权日)签订的一种协议,根据协议,在未来约定时间(含权日)或紧接着的一段时间(行权期)内,雇员能以约定价格(执行价格)购买约定数量的雇主股票

我国关于雇员股票期权的定义虽然文字表达上与 SNA 有所不同,但是在根本上是与 SNA 保持一致的。相比之下,美国作为雇员股票期权的发源之地,表现得有所不同,其雇员股票期权分为法定型期权(ISO)和非法定型期权(NSO)两种,二者的主要区别在于所纳税种不同。前者的持

股时间、数量、授予对象、执行价格及行权日期都被美国税法严格规定,无论是确认还是执行,对雇员由于持有 ISO 获取的收入而征收的税不是普通收入税,同样,也不能从雇主的应纳税所得额中予以抵扣。NSO 则不满足美国税法对激励股票期权规定,但是其使用会引起企业纳税申报中雇员报酬费用的变化,所以又被称为"薪酬式"期权。行权日 NSO 对应的标的资产的执行价格与市价之间的差额可以作为工资列入企业和雇员的纳税申报项目中,雇员因此而产生相关的税负,企业获得相应的税收抵扣。

(二)雇员股票期权的价值

1.内在价值与时间价值

股票期权的价格的组成可以分解为两个部分——内在价值和时间价值,期权的价值会随着内在价值和时间价值的变化而产生一定的变动。

第一,内在价值(Intrinsic Value):股票期权的内在价值是期权合同本身的价值,可以说是一种收益价值,即期权持有人立即行权时可以获得的收益,当行权日股票市场价格上涨且大于执行价格时,持有人行权将获得收益,股票期权内在价值股票为每股市场价格与每股执行价格之间的差值;反之,行权日股票市场价格上涨且小于或者等于执行价格时,持有人不会行权,股票期权内在价值为零。

第二,时间价值(Time Value):由于股票期权的授权日和行权日不是同一天,二者之间存在一定的时间期限,因此需要对股票期权的行权价格进行贴现。到达行权日时,如果持有人不准备行权,则股票期权的时间价值就等于期权价格。

2.公允价值

公允价值(Fair Value, FV)意指公平的市场价格,公允价值是基于市场信息的一种评价,而不是其他主体对资产或负债的主观认定。市场上集聚了各行各业的供需者根据自身掌握的信息进行竞价,通过公平自愿的方式进行交易,从而使得市场价格具有"公允性"。当一项交易或事项还未发生,但其对应的市场价值信息发生变动,就应该对其采用当前市场的价格进行估计,当缺乏市场价格时应该采用现值估值技术进行估计。公允价值是一种特殊的计量属性,能够准确反映计量对象的内在价值,代表的是预期的现金流量按照当前的市场风险报酬率折现得到的一种现行价值。

雇员股票期权的公允价值包含股票期权的内在价值和时间价值,授权日企业雇员股票期权的公允价值等于当时的行权价乘以含权日可行权的期望期权数,除以含权日之前的期望服务年数。如果既没有可观测的市场价格,也没有公司根据上述建议做出的估算,则期权的价值可利用股票期权定价模型进行估算。由于雇员股票期权在行权前不能随意转让,因此,其不存在活跃的交易市场,另外,由于雇员股票期权的特性,在市场上也很难找到与之相似的产品,因此对于当前雇员股票期权价格的确定,主要采取的还是期权定价模型。这些模型旨在捕捉期权价值中的两个方面,第一是反映该股权份额的市场价格超出含权日执行价部分的金额,第二是显示含权日到行权日之间价格进一步上升的期望。

(三)雇员股票期权核算对国民收入分配格局的影响

虽然起初雇员股票期权占工资总额的比例比较小,但是随着雇员股票期权在全球的推广,中国雇员股票期权在劳动者报酬中的占比还有进一步上升的态势,将会对我国的国民收入产生不容忽视的影响,如表4-2所示。

1.对增加值核算的影响

作为流量核算的一部分,将雇员股票期权纳入劳动者报酬虽然这不会对收入法或者生产法核算得到的增加值总量产生影响,但是会改变收入法核算的增加值的构成。由于雇员股票期权的加入,劳动者报酬在增加之中的占比势必会增大,营业盈余则会因此而减小其在增加值中的占比。

2.对收入初次分配的影响

在收入初次分配过程中,住户部门因为雇员股票期权的获得而使其劳动者报酬增加,从而在其他情况不变时,住户部门劳动者报酬在收入初次分配中的中收入增加,其在经济总体初次分配总收入中的占比也会上升。企业部门则正好相反,在收入初次分配过程中,雇员股票期权的这一处理方法将使其初次分配总收入减少,相应的在经济总体初次分配总收入中的占比也会减少。政府部门由于不参与雇员股票期权的发行,因此其初次分配总收入不会发生改变。

3.对收入再分配的影响

在收入再分配过程中,住户部门由于获得雇员股票期权相对应的收入而需要缴纳一定所得税,但是该部分税收的量将小于其获得的初次支配总收入的增加量,所以收入再分配后,居民的可支配收入还是增加的,从而其在经济总体可支配收入中的占比也会增加;企业部门因为雇员股票期权作为劳动者报酬而获得一定的税收优惠,这使得企业最终的可支配收入的减少量会小于其初次收入分配中收入的减少量,但总的来说,其可支配收入较以前依然是减小了。政府则会因为税收的问题而使其可支配收入受到影响,如果因雇员股票期权而产生的个人所得税大于减免的相应企业所得税,则二者的差值表示政府可支配收入的增加,反之表示政府可支配收入的减少。

表 4-2 资金流量表中的雇员股票期权

增加值	住户		企业		政府	
	来源	使用	来源	使用	来源	使用
劳动者报酬: 1:工资 2:雇员股票期权		$+ESOs$	$+ESOs$			
生产税净额						
财产收入						
初次分配总收入		$+ESOs$	$+ESOs$			
经常转移						
收入税	$+ESOs \times \tau_H$			$+ESOs \times \tau_C$	$+ESOs \times (\tau_H - \tau_C)$	
可支配收入		$+ESOs \times (1-\tau_H)$	$+ESOs \times (1-\tau_C)$		$+ESOs \times (\tau_H - \tau_C)$	
最终消费						
总储蓄						

注:资料来源于"SNA 的修订与中国国民经济核算体系改革"课题组研究成果①,其中 τ_H、τ_C 分别表示法定个人所得税税率、法定企业所得税税率

三、雇员股票期权在国民经济核算中公允价值计量的国际经验

自雇员股票期权概念的提出一直到 2008 年,对于是否将雇员股票期

---

① "SNA 的修订与中国国民经济核算体系改革"课题组,许宪春,彭志龙,杜治秀.SNA 关于雇员股票期权核算方法的研究及其对中国国民经济核算的影响[J].统计研究,2013,30(07):78-82.

权纳入国民经济核算体系以及如何对其进行记录、估价和核算等问题,一直没有明确的规定。随着时间的推移,雇员股票期权以其优势在企业制度中逐步深入、完备,相关学者和研究人员为了使其进一步规范化,开始萌发对其进行记录、估计、核算的念头,各国核算专家对是否将其纳入国民经济核算体系问题的讨论也从未间断过。

(一)SNA2008

对于雇员股票期权是否以及如何纳入国民经济核算体系进行核算,1993年的国民经济核算体系(SNA)和1995年欧洲核算体系(ESA)一直没有明确的规定。但该问题一直受到各国核算专家的广泛关注,相关讨论和研究也一直在进行之中。在对SNA1993进行修订的过程中,该问题被视为待修订的问题之一,对于该问题的讨论也逐渐深入。2002年10月召开的经济合作和发展组织(OECD)国民核算专家会议上,将雇员股票期权作为雇员报酬纳入国民经济核算体系之中的意见,得到各位与会专家的一致通过。与此同时,专家们还建议,在国民经济核算体系中,雇员股票期权的记录时间和估价应该与国际企业会计核算标准保持一致。2008年,重新修订过的SNA正式将雇员股票期权纳入国民经济核算体系,并提供了一套标准的核算准则,正式给出了雇员股票期权的定义、记录和估价方法。定义已经在第一部分介绍,下面分别介绍其记录和估价方法。

1.账户记录

SNA2008将雇员股票期权作为并列于金融衍生工具的一个类别记录在金融账户中,算作金融资产的一部分。在金融账户中,住户获得雇员股票期权应与雇员报酬中的相应部分相匹配,同时雇主要有一项相应的负债。

同时,当授权日对雇员股票期权的价值做出估计后,这一金额应该作为雇员报酬(跨越授权日与含权日之间的时期)的一部分,但是尽管股票期权的价值应作为收入处理,其不会产生任何相关联投资收入。

另外,SNA2008认为,在含权日和授权日之间的任何价值变化都应作为雇员报酬处理,而在含权日和行权日之间的任何价值变化都不应作为雇员报酬处理,而是要作为持有损益处理。实践中,ESO作为雇主的成本估算值在授权日和行权日之间不可能加以调整。因此指出雇员股票期权在国民经济核算账户中可以按照授权日和行权日之间的全部增长都可作为持有损益处理。除此之外,SNA2008还给出了雇员股票期权行权后的记录方式,具体参照表4-3。同时表中还给出了美国国民收入和生产账户核算(NIPA)体系中关于雇员股票期权的记录,这与第一部分介绍的美国关于雇员股票期权的概念保持一致。

表4-3 不同国家关于雇员股票期权在国民经济核算中的记录

地区	记录
国民经济核算体系(SNA)	雇员股票期权交易按股票期权的价值记入金融账户,作为以股票期权代表的雇员报酬要素的对应方 在金融账户中,住户获得ESO应与雇员报酬中的相应部分相匹配,同时雇主要有一项相应的负债 授权日和行权日之间的全部增长都可作为持有损益处理。在这一段时期内,股票价格高于执行价的价值增长是雇员的持有收益,雇主的持有损失,反之亦然 当ESO行权时,资产负债表中的项目消失,被所获得的股票(股份)价值所取代。这一分类变化应通过金融账户的交易实现,而不是资产其他物量变化账户 资产负债表中的项目消失,被所获得的股票(股份)价值所取代。这一分类变化应通过金融账户的交易实现,而不是资产其他物量变化账户

(续表)

地　区	记　录
美国国民收入和生产账户核算（NIPA）	ISO不被视为雇员报酬的一部分 NSO在授予日的确认价格和执行价格之间的差额记入雇员报酬,如果NSO执行了,那么它就是雇员报酬的一部分,并且征收个人所得税
中国国民经济核算体系(CSNA)	资金流量表:雇员股票期权是雇员的金融资产,发行企业的负债,记录在金融交易表中 资产负债表:雇员股票期权与金融衍生工具并列记录为金融资产、负债交易项目中 国际收支平衡表和国际投资头寸表:雇员股票期权指没有列入国际储备的雇员股票期权的跨境交易我国常住单位持有的国外企业的雇员股票期权,记录为我国的金融资产;国外持有的我国企业的雇员股票期权,记录为我国的负债

2.估价

SNA2008指出,企业的雇员股票期权应该按照IASB提供的核算方法进行核算,即表4-4中的第一种情况,此时将这一公允价值与每年提供的服务年数结合起来,得到企业在各年度上的成本;如果行权期权数目的假设发生变化,则每个服务年的公允价值要随之加以调整。

然而在既没有可以观测的市场价格,也无法按照IASB提供的方法进行核算时,SNA提出需要采用期权定价模型进行估价,这是表4-4中的第二种情况,此时,期权定价模型不仅需要反映股权份额的市场价格超出含权日执行价格的金额,还要体现出含权日到行权日之间价格进一步上升的期望。

表4-4 国民经济核算体系中雇员股票期权的核算准则

体系	时间	核算准则
国民经济核算体系（SNA）	2008年	2008年SNA采用IASB建议,确定使用公允价值计量雇员股票期权的准则 第一种情况:授权日期权的公允价值等于当时的行权价格乘以含权日可行权的期望期权数,除以含权日之前的服务年数 第二种情况:如果既没有可观测的市场价格也没有公司按照第一种情况建议所做的估计,那么期权的价值可利用期权定价模型(二叉树模型或Black-Scholes模型)进行估价
中国国民经济核算体系（CSNA）	2016年	无明确规定

（二）美国国民收入和生产账户

在美国国民收入和生产账户(NIPAs)中,雇员股票期权是对未来业绩的回报,因此,这些期权的价值必须在数个时间段内分散,而年度调整需要计入Black-Scholes模型的估值。随后的变化将是持有收益或亏损。目前,美国国民收入和生产账户在通过这些估值模型计算时受到数据源约束的限制。关于期权的赠款数据是不可用的,虽然年度来源数据中包括了对股票期权价值的衡量,但这些措施并不是单独确定的。大多数试图衡量这些期权价值的研究都使用了个人公司财务报告的脚注信息。

在概念上,因为NIPAs和SNA均在权责发生制的基础上记录交易并使用市场价值,所以在估值方面,雇员股票期权在被授予时应以市值计价。由于缺乏二级市场,期权的价值应在授予时被估计。在公允价值上使用期权定价模型,如Black-Scholes模型。当期权被行使时,发行价值和行使价值之间的差额应该被记录为员工持有的收益或损失,以及公司持有的损失或收益。从本质上讲,美国国民收入和生产账户对于雇员股票期权的估价在概念上更倾向于采用FASB的会计建议。

(三)欧盟国民经济核算体系

在欧盟国民经济核算体系中明确说明,国际会计准则理事会(International Accounting Standards Board,IASB)会计建议企业对雇员股股票期权采用公允价值进行计量,即在授予日期,企业以当时股票的执行价格乘以期权预计将在兑现日期进行操作的数量来计量,数量按预期的直到兑现日期为止的服务年限划分。

欧盟国民经济核算体系指出,雇员股票期权的价值是指授予的公平价值。公允价值是用等价交易期权的市场价值来衡量的,如果没有一个可观察到的市场价格,也没有公司根据IASB给出的建议作出估计,那么可以使用股票期权定价模型来估计期权的估值。这样的模型旨在捕获期权价值的两种影响,第一个影响是对股票市场价格的预测,即股票的市场价格将超过兑现日期的执行价格;第二种影响是允许预期的价格在购买日期和实施日期之间将会进一步上升。

在行使期权之前,雇主与雇员之间的安排具有金融衍生品的性质,并在双方的财务账目中显示。在赠款日期时,将会对ESOs的价值作出估计。这一数额必须作为雇员补偿的一部分,在此期间分摊。

(四)日本国民经济核算体系

日本在1997年引入了雇员股票期权。近年来,日本企业有关雇员股票期权的问题数量有所增加。因此,为了评估私人企业部门在日本资金账户流动中的负债情况(简称JFFA),ESOs的计量变得非常重要。

根据税法规定,员工可以获得税收优惠:当员工收到期权时,无须缴纳税款；当他们行使期权并购买股票时，不纳税；只有当他最终卖出股票时，才会以资本利得税率缴税。为了获得有利的税收待遇，一个期权计划必须在几个限制之内。在日本，大多数非税收合格的ESOs被称为"1-yen ESOs"，其行使价格为1日元。ESOs是免费获得股票的权利，主要是作为高管的退休奖金。

日本国民经济核算体系指出，如果ESOs在整个保护期被传播开来，人们要么需要在金融衍生品中创造资产、负债，要么需要在"其他应收及应付账款"中创造资产、负债，然后在兑现日期时创造一种金融衍生品而被抵消。由于"其他应收账款和应付账款"价值在授予日公允价值，应该反映没有升值效应从授予日期到到期日，而"金融衍生产品"价值的市场价值，应该反映升值影响，或改变的价值。

在日本，ESOs的主要数据来源于"工业企业的季度财务报表统计"（简称FSSCIQ），由财政部发布，该部门编制了日本公司会计数据，记录在本季度的财务报表中。FSSCIQ确认了在日本可以被认为是非常多的ESOs的股票收购权利。然而，正如之前的研究指出的那样，这些未清偿的数据对于JFFA来说是不够的，因为它们既不以市价计算，也不以公允价值表示。它们按账面价值计算。在日本会计准则下，ESOs在最初的市场价值被评估时，其价值的后续变化并没有反映在财务报表上。

根据SNA2008，ESOs的市场价值及其变化必须被捕捉。一旦市场价值可以获得，ESOs在日本国民经济核算体系中将采用公允价值进行计量。市场价值和ESOs账面价值的短期差异分别被记录为股票和交易流。

（五）雇员股票期权公允价值会计计量国内外研究

随着雇员股票期权在企业管理中的逐步深入，以及其在企业会计准则中计量准则的逐步成熟,不同国家的会计准则纷纷对雇员股票期权的概念进行了界定、对计量方法确定了一系列准则。

对于雇员股票期权的估计,SNA2008明确指出采用国际会计准则理事会(IASB)关于雇员股票期权公允价值的相关估计方法。实际上,国民经济核算运用会计账户形式和复式核算方法,大部分资料来源于会计核算,但国民经济核算的对象和目标不同,核算原则、计价基础、核算方法都不同。国民经济核算和会计核算原则上是有区别的。从会计核算到国民经济核算必须经过数据的转换、内容的调整、科目的重新排列。接下来就雇员股票期权公允价值会计核算历程进行介绍。

1.美国雇员股票期权的会计计量准则

1972年以前,雇员股票期权还未出现,自然也不存在相应的会计准则;1972年之后,美国的公司开始采用股票期权作为激励员工的手段,实施初期并没有相应的会计准则用于指导,雇员股票期权也没能作为薪酬正式纳入公司的损益表中,这在一定程度上会造成企业利润的高估,从而给出关于企业错误的市场信息。因此,当时急需为雇员股票期权确立一个统一的会计计量准则,一方面规范雇员股票期权的记录、估值等;另一方面便于国家、企业和个人了解雇员股票期权带来的影响。

1972年后,美国开始着力于制定有关发放给员工的股票期权的计算方法,1973年,美国会计原则委员会(Accounting Principles Board,APB)公布的第25号意见书就明确指出:企业应该根据"内在价值法"计算薪酬费用。该方法主要基于行权价格与行权日股票市场价格的差额来确认,即雇员股票期权的价值等于股票市场价格与行权价格的差额。对于企业授予员工的股票期权,如果其行权价等于授权时企业股票的市场价格,则企业的通过股票期权支付的薪酬为零,企业损益表中的利润不会因为未来股价变化带来损益;但是,如果其行权价大于授权时企业股票的市场价格,企业通过股票期权支付的薪酬为正,企业损益表中的利润需要抵减。

但是,"内在价值法"无法合理、公正地反映股票期权的真实价值,外加考虑到股票期权的多样性,大部分上市公司没能够有效确认股票期权的薪酬费用,众多的学者也仍然认为这种反映不够充分。1984年,美国财务会计准则委员会(FASB)颁布了《关于授予职工特定权利的报酬方案的会计处理方法》,1986年,总结分析得到雇员股票期权的计量准则为:在授权日按照最小价值法(Minimum Value Method)对雇员股票期权进行估价,最小价值法相对其他金融期权定价模型确实简单实用,但是得到的雇员股票期权价值比Black-Scholes等模型计算出的股票期权价值要小,因此,提出之后就遭到很多上市公司的反对,最后无疾而终。

但是美国对于雇员股票期权估价的努力从来没有停歇过,1993年6月FASB发布了关于股票期权会计处理办法的征求意见稿,并提出让FASB视雇员股票期权为企业发放给雇员的非现金报酬,企业应该采用FASB建议的几种期权定价模式中的一种来确定雇员股票期权在授权日的价值。但是该提议再一次受到了企业界的反对,如表4-5是双方支持和反对的理由。

表 4-5 对雇员股票期权费用化的支持和反对理由

支持股票期权费用化	反对股票期权费用化
管理层获得的补偿将无法披露,公司报告的盈利水平与实际情况不符,容易误导投资者的决策行为 行权后的股票与原有的股票持有人同等享有公司的盈余,稀释了大众投资人的股权收益	降低公司财务报告中的盈利指标,导致股票价格下降,从而令管理层持有的股票期权贬值,激励作用减小甚至消失 导致硅谷等高科技园区的企业破产和员工失业率上升,造成严重的社会后果

在广泛征求各方意见以及投票之后,1995 年 10 月,FASB 颁布了第 123 号公告"股票薪酬会计处理办法",提倡企业采用新的"公允价值法"(Fair Value Based Method)核算雇员股票期权。2006 年 9 月 15 日,FASB 发布了第 157 号财务会计准则公告(SFAS No.157)——公允价值计量,进一步明确了公允价值在雇员股票期权核算中的具体应用。

2.国际会计准则理事会关于雇员股票期权的会计计量准则

1999 年 7 月 1 日,国际会计准则委员会(IASC)颁布第 37 号会计准则——准备、或有负债和或有资产,其中明确指出股票期权仅仅是企业与经理人之间达成的一种合约,在其行权之前并没有发生现金和股票的实际收付,因此,不能将其纳入企业的会计核算,也不应该对其确认或有资产和或有负债,也不需要在财务报告中对其进行披露。

但在美国有关核算雇员股票期权会计准则逐步完善的背景下,国际会计准则理事会(IASB)也为雇员股票期权的核算提供了一套参考准则,其于 2002 年 11 月,颁布国际会计准则第二号征求意见稿《以股票为基础的报酬支付的会计处理》,一改不对股票期权进行核算的准则,正式提出企业必须视雇员股票期权为企业对雇员支付报酬,需将其作为企业费用列入企业的财务报表。对于估价,IASB 指出企业应该采用所接受的货物或服务的公允价值,或者采用为接受这些货物或服务而支付的等价物的公允价值来对所有的这些交易进行测算。在实际操作中,只要采用两者中更易决定的一个即可。因此,对雇员股票期权的估价应该采用其公允价值。

2004年,IASB发布的国际财务报告准则第2号"以股票为基础的支付(IFRS2)",规定所有的股票期权,应该在授权日采用公允价值法进行计量,并且作为员工薪酬的一部分。

2015年,IASB的理事会就如何计量雇员股份期权的公允价值再次进行了诸多讨论,最终依然认为市场价格提供了关于股份期权公允价值最好的证据。然而,其条款与雇员股份期权的条款相似的股份期权很少在市场上进行交易。因此,理事会认为,如果不能获得市价,就有必要应用期权定价模型来估计股份期权的公允价值。

3.其他地区关于雇员股票期权的会计计量准则

从时间上来看,英国和韩国对雇员股票期权的核算相对较早,1997年,英国会计准则委员会规定,要求用内在价值法计量股票期权的成本费用;韩国在国际会计准则委员会1999年指出不对雇员股票期权进行会计核算的同年12月,发布了"股票期权会计准则",确定在授予日对股票期权进行计量,对上市公司的期权价值采用公允价值,对未上市公司采用最小价值法。

2001年9月和11月,德国会计准则委员会(GAAP)和加拿大会计准则委员会(ACSB)分别公布了第11号会计准则草案"有关股票期权及其类似报酬的会计处理""特殊条款第3870条股票薪酬及其他以股票为基础的支付",均规定企业采用公允价值法对雇员股票期权进行计量。

2004年4月和7月,英国会计准则委员会(ASB)和澳大利亚会计准则委员会(AASB)均以国际会计准则理事会(IASB)在该年颁布的国际财务报告准则第2号(IFRS2)文件为参考,公允价值法同时成为两国雇员股票期权的会计计量准则。同年12月,日本会计准则委员会(ASBJ)发布《第3号会计准则征求意见稿:股票期权(ED3)》,文件指出,无论是雇员股票期权还是非雇员股票期权,企业均应该采用公允价值进行核算。次年,欧盟委员会(EC)也于2月8日也提出采用IFRS2,鼓励其成员国成为运用公允价值法进行雇员股票期权估价的一员。

表4-6 不同国家对雇员股票期权的处理原则

地区	准则	处理原则
美国会计原则委员会(APB)	1973年第25号意见书	根据"内在价值法"计算雇员股票期权
美国财务会计准则委员会(FASB)	1986年	在授权日按照最小价值法对雇员股票期权进行估价(遭到反对)
	1993年6月	视雇员股票期权为企业发放给雇员的非现金报酬,企业应该采用FASB建议的几种期权定价模式中的一种来确定雇员股票期权在授权日的价值
	1995年10月第123号公告	采用公允价值核算雇员股票期权
	2006年9月15日第157号财务会计准则公告(SFAS No.157)	进一步明确了公允价值在雇员股票期权核算中的具体应用
国际会计准则理事会(IASC)	1999年7月1日第37号会计准则——准备、或有负债和或有资产	股票期权不需要其纳入企业的会计核算,也不应该对其确认或有资产和或有负债,也不需要在财务报告中对其进行披露

(续表)

地区	准则	处理原则
国际会计准则委员会(IASB)	2002年11月颁布国际会计准则第二号征求意见稿《以股票为基础的报酬支付的会计处理》	雇员股票期权公允价值应该在授予日利用等价的可交易期权(如果可以获得的话)的市场价格测算,或者在对雇员股票期权作出合理假设的前提下,利用期权定价模型(二项式模型或者 Black-Scholes 模型)来测算
	2004年国际财务报告准则第2号(IFRS2)	规定所有股票期权,在授权日用公允价值法计量,并确认为员工薪酬的一部分 第一种情况:间接计量,假定授权日雇员股票期权的公允价值等于预期在服务期内员工提供对应服务的总价值。在授权日,估计企业预期在服务期内员工提供服务的数量,然后,用授予期权的价值除以该服务数量,得到每单位服务的公允价值,最后用某一会计期间员工服务的数量乘以单位服务的公允价值来计量这一期间所接受的服务 第二情况:采用B-S模型或二叉树模型估计授权日雇员股票期权的价值
	2015国际财务报告准则第2号——以股份为基础的支付	市场价格提供了关于股份期权公允价值最好的证据。然而,其条款与雇员股份期权的条款相似的股份期权很少在市场上进行交易。因此,理事会认为,如果不能获得市价,就有必要应用期权定价模型来估计股份期权的公允价值
韩国会计准则理事会(KASB)	1999年12月,发布了"股票期权会计准则"	对以股票结算的股票期权,必须以授予日为计量日,且必须采用公允价值法。对股票期权的公允价值的计量,要求运用期权定价模型。对未上市公司,则按最小价值法计算期权的价值
德国会计准则委员会(ASCG)	2001年9月,德国公布了第11号会计准则草案"有关股票期权及其类似报酬的会计处理"	对授予员工的股票期权,规定计量日为授予日,股票期权公允价值的计算采用期权定价模型,期权费用作为人工费列入利润表

(续表)

地区	准则	处理原则
加拿大会计准则委员会（ACSB）	2001年11月"特殊条款第3870条股票薪酬及其他以股票为基础的支付"	企业按公允价值法计量股票期权，对股票期权费用既可以在利润表中加以确认，也可以仅在中期和年度财务报表的附注中披露其公允价值
英国会计准则委员会（ASB）	1997年	使用内在价值法计量雇员股票期权的成本费用
英国会计准则委员会（ASB）	2004年4月第20号财务报告准则——基于股票的支付	具体内容与国际会计准则IFRS2一致
澳大利亚会计准则委员会（AASB）	2004年7月基于股票的支付（Share-Based Payment）	具体内容与国际会计准则IFRS2一致
日本会计准则委员会（ASBJ）	2004年12月28日，发布《第3号会计准则征求意见稿:股票期权（ED3）》	ED3规定，对雇员股票期权，企业应按照授予日的公允价值将其确认为补偿费用；对非雇员股票期权，应按照股票期权或所收到商品或劳务的公允价值进行核算；在资产负债表中，股票期权应在负债和权益之间单列一项反映
欧盟委员会（EC）	2005年2月8日	欧洲采用（IFRS2）

第二节 雇员股票期权公允价值计量的国内现状

一、我国雇员股票期权的核算现状

（一）CSNA2016中雇员股票期权的体现

2002年核算体系未考虑雇员股票期权，我国也没有建立起雇员股票期权统计制度。SNA2008将雇员股票期权引入国民经济核算体系对于我国来说，具有重要的参考价值和借鉴作用。

2016年我国新修订的国民经济核算体系(CSNA2016)将雇员股票期权作为劳动者报酬纳入国民经济核算范围。分别在资金流量表、资产负债表、国际收支平衡表和国际投资头寸表等中进行记录。

中国国民经济核算体系引入雇员股票期权概念,并将其作为劳动者报酬之后,企业根据CSNA2016中指出参照SNA2008的建议,引入了雇员股票期权概念,将其计入劳动者报酬。作为劳动者报酬的雇员股票期权在激励员工的同时,劳动者报酬和居民可支配收入将有所增加。这将有利于地方政府促进企业通过雇员股票期权的方式激励员工,从而有利于提高企业员工的积极性和创造性,提高企业的管理水平和技术创新水平,提高企业的竞争能力,同时有利于提高劳动者报酬,增加居民的可支配收入。

(二)中国关于雇员股票期权的会计计量准则

雇员股票期权在我国推行初期,并没有相应的法律法规进行约束,没有任何政府相关政策的指导。直到2006年中国证监会颁布的《上市公司股权激励管理办法(试行)》正式实施以后,其中的《企业会计准则第11号——股份支付》关于股票期权问题做了一些规定:股票期权成本必须费用化,股票期权的费用须按公允价值进行计量并在授予日确认。当前我国上市公司大多采用的股权激励方式有股票期权、股票增值权、限制性股票等,其中股票期权和限制性股票属于以权益结算的股份支付方式,而股票增值权则属于以现金结算的股份支付方式。根据结算方式,该会计准则将雇员股票期权分成了按现金结算的股票期权和按权益计算的股票期权。其中前者基于公司承担的权益工具计算负债的公允价值,后者直接用授予雇员的权益工具的公允价值计量。目前我国有关雇员股票期权估价的会计准则还不够完善,在未来的政策制定中,可以继续借鉴美国财务会计准则委员会(FASB)和国际会计准则委员会(IASB)等制定的较为成熟的准则,根据我国金融市场及雇员股票期权制度的特点,逐步完善相应的会计准则,形成有中国特色的雇员股票期权的会计核算准则。

二、雇员股票期权公允价值的估计

我国上市公司目前实施的股票期权激励,绝大多数采用的是附带业绩条件的分年分次行权方式,即该项股票期权激励计划由几项独立的股票期权组成,每一项的授予日相同,含权日不同,进而每一项股票期权的等待期也就不同。行权方式是一种介于美式期权和欧式期权之间的百慕大式期权,表现为激励对象可以在含权日至有效期结束日之间的任何一个交易日行权。

传统的资产价值估计一般采用的是未来现金流贴现方法,但是对于股票期权定价来说,合适的贴现率往往难以确定,加之期权的未来现金流取决于标的物的市价与履约价格,而标的物(股票)的市价是一个随机变量,它会随时间变化。在此情形下,经济学家开始将数学中随机变量处理的相关方法引入经济问题分析中,从而衍生出一系列期权定价模型。

在SNA2008中,雇员股票期权在无法获取相应的可观测的市场价格并且也没有公司按照SNA2008规定的第一种情况建议所做的估计时,期权的价值可利用期权定价模型(Black-Scholes模型或二叉树模型)进行估价。

由于雇员股票期权在行权前是不可转让的,就不可能存在活跃的交易市场。因此在市场上,几乎找不到与员工股票期权各种条件都相同或类似的可买卖期权,这就决定了企业有必要采用期权定价模型来估算股票期权在授予日的公允价值即内在价值和时间价值的总和。因此,股票期权的公允价值计量即是指按照期权定价模型等方法确定股票期权的公允价值。在利用期权定价模型计算时,还需要考虑计量日的股票市价、行权价格、授权期、股价的波动率、期权有效期内预期的股利以及无风险利率等因素。

三、两种期权定价模型介绍

(一) Black-Scholes 期权定价模型

股票期权公允价值的 Black-Scholes 定价模型为:

$$C = SN(d_1) - Ke^{-r\Delta T}N(d_2)$$

$$d_1 = \frac{ln\left(\frac{S}{K}\right) + (r + \frac{\sigma^2}{2})\Delta T}{\sigma\sqrt{\Delta T}}, d_2 = d_1 - \sigma\sqrt{\Delta T} \tag{4-1}$$

其中,C 为股票期权的公允价值;K 为股票期权的行权价格,S 为授予日股票的市场价格,ΔT 为股票期权的有效期,r 为无风险收益率,σ 为标的股票的历史波动率,$N(\cdot)$ 为标准正态分布累计概率分布函数,$ln(\cdot)$ 为自然对数。

Black-Scholes 期权模型适用于欧式期权,在实际估价中,需要结合数据情况,对式(4-1)涉及的部分相关参数进行估计。例如,估计每期股票期权的有效期 ΔT、估计标的股票历史波动率 σ、估计无风险收益率 r 和股票期权的行权价格 K。其中,无风险利率的确定对于雇员股票期权公允价值的计量来说尤其重要,而且各国关于无风险利率的确定也各不相同。

(二)二叉树期权定价模型

二叉树期权定价模型是一种基于数值计算方法估计期权价值的方法,该模型可用于计算美式股票期权(规定期限到期前均可行权)的价值。该模型假设股票价格在一个小的时间段内,股票价格的变化只有上升和下降两种可能,并且忽略交易过程中的交易费用、不支付红利以及银行利率和波动率为常数(尚永庆,2012)。可以通过分叉树枝的形式形象地描述股票价格的变动情况以及期权价格的演进历程。

在每一个小的时间段 ΔT,股票价格从开始的 S 运动到 Su(上涨)或者 Sd(下跌)中的一个。股价上升的概率是 p,下降的概率是 1-p。这样将时间继续分割,在期权到期日整个价格的演变就是一个二项式树状图。该模型得到的看涨期权价格为[1]:

$$c = e^{-rn\Delta T} \sum_{k=0}^{n} \left[\left(\frac{n!}{k!\,(n-k)!} \right) p^k (1-p)^{n-k} max\{u^k d^{n-k} S - X, 0\} \right]$$

(4-2)

其中 S 是现行股价;X 是执行价,u 表示上涨的倍数;d 表示下跌的幅度;r 是无风险收益率;$p = (e^{r\Delta T} - d)/(u - d)$。

由于二项式模型采取的是离散化的方式来处理价格,因此在期权的合约期限内该模型可以考虑股利发放的情况。在树状结构完成以后,知道期权到期的可能价值便很容易推算出先前节点的价位,并计算出价格树上任何节点的理论价值。

---

[1] 徐广军,张腊梅,方小丽.新准则中股票期权公允价值的确认——两种期权定价模型介绍[J].会计之友(下旬刊),2007(12):77.

当 n 趋于无穷大时,二项式模型便与 B-S 期权定价模型完全一致。因此,实行美式股票期权或者在期权合约期间有股利发放的公司可以采取此种方法。

四、估值模型中相关参数的确定

1.期权的有效期限

由于雇员股票期权的期限通常较长,而 Black-Scholes 期权定价模型假设在期权的有效期内无风险利率和股价的波动是不变的,这对短时间的期权定价来说相对合理,但是对于长时间的雇员股票期权的估值容易产生误差。

因此,有效期限用期权合约中规定的最长期限并不恰当,而应当用一个大于等待期的预期期限去替代。美国企业通常是选择公司员工的历史执行资料来计算预期持有期限的。实际上,经理人对股票期权持有时间是随市场状态波动而变化的。市场呈现牛市时,员工可能较多地执行期权,而市场呈现熊市时,通常是放弃或继续持有等候市场好转。杜治秀(2014)在研究中指出,每期股票期权的有效期可以采用中点法进行计算,即每一期股票期权的有效期=(等待期+存续期)/2。

2.标的股票历史波动率

股价的波动率用来反映股票年收益的不确定性,这种不确定性通常使用标准差来进行衡量,通常采用历史数据来估计波动率,但是太久远的历史数据也会影响估计精度,国外的做法通常是使用 90~180 天的每日收盘价格进行估计,由于我国股市波动幅度相对国外剧烈,加之雇员股票期权的期限通常比较长,所以天数可以稍作延长。对于历史数据较少的一些新上市的公司,鉴于我国股市系统风险比重很高,股票价格普遍齐涨共跌的特点,可以考虑以大盘的波动率作为标的股票的历史波动率,但是当前我国学者多提出采用 GARCH 模型确定波动率。

3.估价模型中的无风险利率

一般的,无风险利率是指政府债券的利率,就实际市场来说,无风险利率不是固定的而是浮动的。无风险利率和期权价格之间无直接影响关系,但是我们考虑当无风险利率增大时,股票价格的上升或者下降会相应导致期权的价值同向变动。

B-S 模型假定无风险利率和股票价格波动率在有效期内不变。在二叉树模型的假设基础上,期权持有人在期权到期日以后执行合同的时刻才会将现金付出,这种现金流延迟支付的价值会随着无风险利率的增大而增加。因此,当其他参数不变时,无风险利率越大,股票期权的价值也越大,也就是说基于二叉树模型的假设,无风险利率同期权价值呈正相关关系。

国际上主要有四种常见的无风险利率分别是:

第一种:国债利率——最早使用的无风险利率

现代金融体系建立之初,货币的时间价值概念就随之产生,货币的现值和未来价值之间需要一个贴现率进行转换。由于国债几乎没有违约风险且具备一定规模的市场基础,以国债收益率为基础的贴现率得到市场的普遍认可。目前,以美国国债利率为基础的技术仍被广泛应用。

第二种:LIBOR 浮动利率——第二代无风险利率

2000 年左右,美国财政部宣布暂停拍卖 30 年期债券,业界和学界广泛思考国债的基准作用并探讨可能作为无风险利率的备选利率。以利率互换为基础的无风险利率(LIBOR浮动利率)建立在两个市场金融工具共同作用的基础上:一是货币市场中,基于3个月LIBOR的定盘利率;二是在债务资本市场,以3个月LIBOR为参考利率的银行贷款、浮动利率债券市场迅猛发展,成为企业债务融资的主要工具之一。

第三种:隔夜利率——第三代无风险利率

2008年金融危机使市场认识到第二代无风险利率的不足,第二代到第三代无风险利率的变革发生在两个市场,即货币市场和衍生品市场。在货币市场上,利率建立在每日隔夜定盘利率上,而不再以LIBOR为基础;在衍生品市场,隔夜指数掉期(OIS)代替了3个月LIBOR互换。但是该技术并没有取代LIBOR的主导地位。

第四种:EURIBOR的产生和应用

1999年1月1日,欧洲11国开始统一使用一种货币——欧元。在欧洲货币联盟(EMU)形成以后,欧洲银行间拆借利率(EURIBOR)作为参考利率在国际货币市场取得主导地位,EURIBOR与LIBOR等共同构成了全球流动性最强、交投最活跃的利率市场基础。

4.各国无风险利率的选择

在金融市场发展较为完善的国家,做实际分析时,所用到的无风险利率为短期国库券利率。

欧元出现前,欧洲各国分别使用各自的参考利率,比如法国的巴黎银行同业拆借利率(PIBOR);同时,LIBOR是相对共通的利率基础,德国马克和意大利里拉就以LIBOR作为本币参考利率。欧元出现之后,随着EURIBOR的产生,欧洲国际开始使用EURIBOR,巴黎PIBOR等欧洲的国内参考利率相继并入了EURIBOR。

印度已直接建立起以孟买隔夜拆借利率（MIBOR）和场外隔夜掉期为基础的无风险利率；作为新兴市场的代表，巴西市场已采用市场内隔夜利率期货作为无风险利率；中国香港市场中，一般的是选取一个月或者两个月的国债收益率或者同业拆解利率作为无风险收益率。

美国、日本在估计雇员股票期权的过程中，无风险利率采用的是与雇员股票期限相一致的国债收益率。

5.我国雇员股票期权估价模型中无风险利率的选择

总之，目前应用广泛的几种无风险利率主要为国债利率、银行同业拆借利率、隔夜利率、银行存贷款利率、银行间债券回购利率等几种，这些可作为无风险利率的标的资产都具有风险小、流动性高等基本特征。

我国目前的政策利率为央票利率和再贴现率，上海银行间同业拆放利率（SHIBOR）和7天回购利率也是央行调控时关注的重要利率。参考利率以SHIBOR和回购利率为主，相应的利率互换作为贴现率的基础构成了无风险利率曲线的长端。另外，银行存款利率、贷款利率、国债等也都作为重要的基准利率存在。

中国现在的债券市场、同业拆借市场还不够完善，相关的数据还不能很好地反映市场上资金、利率的实际状况，当前还没有形成统一的市场基准利率，现实中对无风险利率的选取有一年期商业银行定期存款利率和国库券利率两种。

就雇员股票期权定价的无风险利率选择，选取与股票期权具有相同期限长度的国债利率最好，这也是美国企业普遍的作法。因为对应的国债存在有较长时期的品种，能较真实地反映市场情况。并且我国的银行利率并不是完全的市场利率，而且雇员股票期权期限一般都较长，通常在

5年以上,用一年期的银行利率显然不足以真实反映市场情况,当然相对于成熟国家,我国的国债利率却往往高于市场利率,实际应用中可以对国债利率作相应的调整。对于国债收益率曲线期限的确定,借鉴美国企业的经验,可以采用与股票期权期限长度相同的国债利率来替代模型中的无风险利率。

第三节　债券收益率曲线在我国雇员股票期权计量中的应用实例

一、东方财富2014年股权激励计划

2014年9月16日,东方财富信息股份有限公司(以下简称"东方财富")通过了《关于<东方财富信息股份有限公司2014年股票期权激励计划(草案)>及其摘要的议案》等相关议案,2014年股票期权激励计划首次授予股票期权的149名激励对象,在第三个行权期共计行权2,160.9504万份期权,行权价格为3.49元。期间随着职工行权、离职等因素,行权价格及剩余股票数量发生了如表4-7所示的变化。

2018年5月12日,公司第四届董事会第十六次会议审议通过《关于公司2014年股票期权激励计划首次授予股票期权第三个行权期及授予的预留股票期权第二个行权期可行权的议案》。本次符合行权条件的149名激励对象全部申请行权,第三个行权期限为2017年11月21日至2018年11月20日,本次可行权股票期权行权价格为3.49元。因此本报告选取东方财富2017年11月21日—2018年7月30日的股价数据作为研究对象。

表 4-7　东方财富 2014 年股票期权激励计划历次变动情况(单位:万份,元)

变动日期	该次行权数量	该次取消期权数量	该次激励对象减少人数	该次变动后期权数量	该次变动后行权价格	该次变动后激励对象人数	变动原因
2014/11/21	-	-	-	2,659.00	13.03	176	授予股票期权
2015/7/24	-	37.00	6	2622.00	13.03	170	注销离职人员期权
2015/7/24				3,670.80	9.26	170	2014 年度权益分派方案实施后,调整期权数量和价格
2016/4/27		120.40	4	3,550.40	9.26	166	注销离职人员期权
2016/4/27				6,390.72	5.09	166	2015 年度权益分派方案实施后,调整期权数量和价格
2016/5/20	1,597.68			4,793.04	5.09	166	第一个行权期权
2017/4/27		94.50	10	4,698.54	5.09	156	注销离职人员期权
2017/4/27				5,638.25	4.21	156	2016 年度权益分派方案实施后,调整期权数量和价格
2017/5/24	1,879.416	-	-	3,758.83	4.21	156	第二个行权期行权
2018/5/15	-	51.408	6	3,707.42	4.21	150	注销离职人员期权
2018/5/15	-	-	-	4,448.91	3.49	150	2017 年度权益分派方案实施后,调整期权数量和价格

二、基于 EGARCH 模型测算期权模型波动率

考虑到传统期权价值计算表达式中采用股价的历史数据来计算波动率会使得历史波动率与实际波动率之间存在偏差,潘涛[1]等(2004)、杜治秀[2](2014)的研究表明,GARCH 族模型对模拟股票指数股票波动率效果较好,本报告将采用 GARCH 模型簇来预测股价的波动率。本报告基于

---

[1] 潘涛,邢铁英.中国权证定价方法的研究:基于经典 B-S 模型及 GARCH 修正模型比较的分析框架[J].世界经济,2007(6).

[2] 杜治秀.中国公司雇员股票期权的宏观经济核算[J].调研世界,2014(04):53-58.

东方财富 2017 年 11 月 21 日—2018 年 7 月 31 日的每日股票收盘价数据进行测算。如图 4-2 所示为对数股价序列图,如表 4-8 所示为股价数据的 ADF 检验结果,可以看出股价数据的对数序列其 ADF 检验的 t 统计量取值为 -1.9122,大于 10% 显著性水平下的临界值,同时检验的 P 值为 0.3262,说明股价数据的对数不具有平稳性。将数据进行一阶差分后,发现数据 ADF 检验的 t 统计量取值为 -15.0184,小于 1%、5%、10% 显著性水平下的临界值,同时检验的 P 值为 0,说明股价数据取完对数在进行一阶差分后具有平稳性。

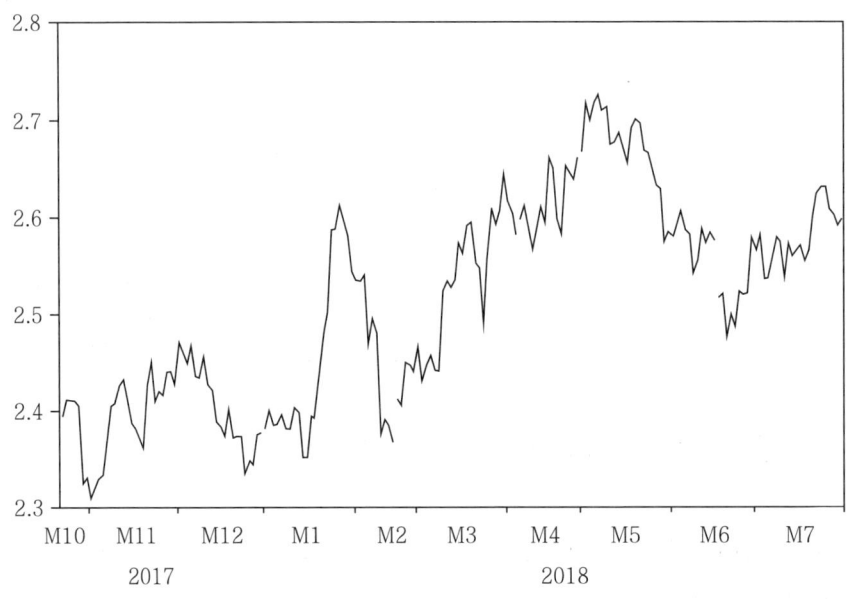

图 4-2　东方财富股价图

第四章 资金流量核算:债券收益率曲线在雇员股票期权公允价值计量中的应用

表 4-8 ADF 检验的结果

数据		显著性水平	t-统计量	P 值
股价对数	ADF 统计量		−1.9122	0.3262
	检验临界值	1%	−3.4648	
		5%	−2.8766	
		10%	−2.5749	
股价对数的一阶差分	ADF 统计量		−15.0184	0.0000
	检验临界值	1%	−3.4650	
		5%	−2.8767	
		10%	−2.5749	

从东方财富股价自相关与偏自相关检验结果可以看出,序列的自相关和偏自相关系数均落入两倍的估计标准差内,残差平方序列的 AC 值和 PAC 值在 2、3、5、6、14、21 处显著不为 0,且 Q 统计量检测结果相应的 P 值都高于置信度 0.05,因此可以看出该序列在 5% 的显著性层次上不具有明显的相关性,表明序列具有 ARCH (Autoregressive conditional heteroskedasticity,自回归条件异方差)效应。

Autocorrelation	Partial Correlation		AC	PAC	Q-Stat	Prob
		1	-0.093	-0.093	1.6631	0.197
		2	-0.008	-0.017	1.6761	0.433
		3	0.126	0.124	4.7529	0.191
		4	-0.111	-0.091	7.1894	0.126
		5	0.002	-0.014	7.1905	0.207
		6	-0.112	-0.133	9.6680	0.139
		7	-0.004	0.000	9.6715	0.208
		8	-0.024	-0.037	9.7910	0.280
		9	-0.043	-0.020	10.164	0.337
		10	-0.001	-0.033	10.165	0.426
		11	0.053	0.057	10.737	0.466
		12	-0.033	-0.040	10.963	0.532
		13	0.011	0.004	10.987	0.612
		14	-0.081	-0.114	12.350	0.578
		15	0.034	0.034	12.591	0.634
		16	-0.066	-0.084	13.494	0.636
		17	-0.033	-0.006	13.728	0.686
		18	0.006	-0.046	13.737	0.746
		19	-0.018	0.010	13.809	0.795
		20	0.120	0.089	16.895	0.660
		21	-0.149	-0.136	21.670	0.419
		22	-0.039	-0.098	21.992	0.460
		23	0.066	0.020	22.946	0.464
		24	-0.109	-0.068	25.569	0.375
		25	-0.024	-0.049	25.697	0.424
		26	0.061	0.034	26.526	0.435
		27	-0.066	-0.065	27.510	0.437
		28	0.008	-0.029	27.525	0.490

图 4-3 东方财富股价自相关与偏自相关检验

如表 4-9 所示，为 EViews 输出的 EGARCH 模型回归结果，从回归结果可以看出，各回归系数的 P 值在 1% 的显著性水平下均呈现出一定的显著性，从而表明该序列具有一定的杠杆性，即股价下跌所引起的价格波动往往高于相同程度股价上涨所引起的价格波动，股价下跌对市场影响更大。为了检验模型是否较好地消除了 ARCH 效应，对 EGARCH 模型回归结果的残差进行 ARCH LM 检验，如表 4-10 所示，在滞后期数值不同的条件下，F 检验结果都没有呈现显著现象，可以得知该模型已经消除了 ARCH 效应。

表 4-9 EGARCH 模型回归结果

Variable	Coefficient	Std. Error	z-Statistic	Prob.
C	2.5667	0.0024	1050.1780	0.0000
Variance Equation				
C(2)	-2.1494	0.7946	-2.7050	0.0068
C(3)	1.2248	0.4241	2.8880	0.0039
C(4)	-0.0879	0.1734	-0.5071	0.0121
C(5)	0.7981	0.1011	7.8950	0.0000
R-squared	-0.2566	Mean dependent var		2.5124
Adjusted R-squared	-0.2566	S.D. dependent var		0.1076
S.E. of regression	0.1206	Akaike info criterion		-2.0916
Sum squared resid	2.7641	Schwarz criterion		-2.0064
Log likelihood	204.7466	Hannan-Quinn criter.		-2.0571
Durbin-Watson stat	0.0559			

表 4-10 EGARCH 模型回归结果

滞后一期	F-statistic	0.2436	Prob. F(1,188)	0.6222
	Obs * R-squared	0.2459	Prob. Chi-Square(1)	0.6200
滞后三期	F-statistic	0.7063	Prob. F(3,184)	0.5494
	Obs * R-squared	2.1403	Prob. Chi-Square(3)	0.5438
滞后六期	F-statistic	0.6083	Prob. F(6,178)	0.7235
	Obs * R-squared	3.7168	Prob. Chi-Square(6)	0.7149

根据表 4-9 可以得到 EGARCH(1,1) 模型为：

$$ln\,\sigma_t^2 = -2.1494 + 1.2248 \left| \frac{\varepsilon_{t-1}}{\sqrt{\sigma_{t-1}^2}} \right| - 0.0879 \frac{\varepsilon_{t-1}}{\sqrt{\sigma_{t-1}^2}} + 0.7981 ln\,\sigma_{t-1}^2$$

用正态分布 J-B 检验求出条件方差的均值为 0.000175。条件年化波动率方差为：

$\sigma_E^2 = 0.000175 \times 191 = 0.0334$

$\sigma_E = \sqrt{0.0334} = 0.1828$

因此最终根据 EGARCH 模型模拟计算出东方财富股票在 2017 年 11 月 21 日—2018 年 7 月 31 日的股价波动率为 0.1828，其中金融工具初始价格数据是从公司股票市场大盘中的股价日收盘价取得。

三、B-S 模型①中相关参数的选取

1. 股票行权价

根据东方财富最新通过的议案，确定第三次行权的标的股票期权行权价格为 3.49 元。

2. 无风险收益率

如表 4-11 所示，为东方财富股票期权行权的条件，因此本报告中无风险收益率以中国人民银行规定的基准利率作为参考标准。将人民银行的 2 年期存款标准利率 2.75% 作为行权的第一个时期的无风险收益率，并且将人民银行的 3 年存款利率和 5 年存款利率的平均利率作为第二次期权行使期的无风险收益率，将人民银行的 5 年期存款标准利率作为行权的第三个时期的无风险收益率，即 4.75%，为了研究中债国债收益率在雇员股票期权估价中的运用，同时选取中债 5 年期国债收益率 3.88% 作为无风险利率。

---

① 本部分采用 B-S 模型的主要原因在于东方财富的年度报告中明确指出公司采用期权定价模型（Black-Scholes 模型），在合理设定各项参数的基础上，确定股票期权激励计划在授予日公允价值。

表 4-11　2014 年东方财富股票期权行权条件

行权期	业绩考核目标
第一个行权期	以 2012—2014 年净利润均值为基数,2015 年净利润增长率不低于 100%
第二个行权期	以 2012—2014 年净利润均值为基数,2016 年净利润增长率不低于 150%
第三个行权期	以 2012—2014 年净利润均值为基数,2017 年净利润增长率不低于 200%
第四个行权期	以 2012—2014 年净利润均值为基数,2018 年净利润增长率不低于 250%

3.期权有效期

根据东方财富最新通过的议案,公司 2014 年股票期权激励计划首次授予股票期权激励对象中有 1 人 2017 年度考核结果为不合格外,其余激励对象 2017 年度绩效考核结果全部为合格,满足行权条件。确定第三次行权的标的股票期权,行权期为 2017 年 11 月 21 日至 2018 年 11 月 20 日,有效期为 5 年。

四、基于 B-S 模型的东方财富雇员股票期权定价测算

如表 4-12 为东方财富 2014 股票期权激励计划公允价值估计中 B-S 模型的参数,根据公式 4-1 测算得到东方财富雇员股票期权公允价值在五年期存款利率和 5 年期中债国债收益率下分别为 10.0178、9.8955。

表 4-12　东方财富 B-S 模型的评估参数

参数	K	R	ΔT	σ	S
取值	3.49	4.75%	5	0.1828	12.77
取值	3.49	3.88%	5	0.1828	12.77

$$d_1 = \frac{\ln\left(\frac{S}{K}\right) + (r + \sigma^2/2)\Delta T}{\sigma\sqrt{\Delta T}} = \frac{\ln\left(\frac{12.77}{3.49}\right) + (0.0475 + 0.1828^2/2) \times 5}{0.1828 \times \sqrt{5}}$$

$$= 3.9590$$

$$d_1^{'} = \frac{\ln\left(\frac{S}{K}\right) + (r' + \sigma^2/2)\Delta T}{\sigma\sqrt{\Delta T}} = \frac{\ln\left(\frac{12.77}{3.49}\right) + (0.0388 + 0.1828^2/2) \times 5}{0.1828 \times \sqrt{5}}$$

$$= 3.8525$$

$$d_2 = d_1 - \sigma\sqrt{\Delta T} = 0.7237 - 0.1828 \times \sqrt{5} = 3.5502$$

$$d_2^{'} = d_1^{'} - \sigma\sqrt{\Delta T} = 0.7042 - 0.1828 \times \sqrt{5} = 3.4437$$

$$C = SN(d_1) - Ke^{-r\Delta T}N(d_2) = 10.0178$$

$$C^{'} = SN(d_1^{'}) - Ke^{-r\Delta T}N(d_2^{'}) = 9.8955$$

第四节 本章小结

雇员股票期权在最新修订的《国民经济核算体系2008》中被正式纳入金融资产,并确定了统一的价值核算方法——公允价值,SNA的这一规定,给世界各国国民经济核算体系对于雇员股票期权是否纳入国民经济核算体系以及如何核算提供了新的基准和参考。欧盟于2010年新修订的欧盟核算体系(European System of Accounts,ESA 2010)中开始引入雇员股票期权的概念以及对其进行公允价值核算的基本要求,美国、日本等国民经济核算体系也纷纷强调采用公允价值对雇员股票期权进行计量的重要性,我国在最新修订的《中国国民经济核算体系2016》中也正式引入雇员股票期权,并强调与SNA2008对雇员股票期权的核算保持一致,即均采用"公允价值"进行计量。因此,公允价值计量成为雇员股票期权核算的首要要求。

根据 SNA2008 的规定,雇员股票期权在可以获得市场行权价格的情况下,授权日企业雇员股票期权的公允价值等于当时的行权价乘以含权日可行权的期望期权数,再除以含权日之前的期望服务年数。如果既没有可观测的市场价格,也没有公司根据上述建议做出的估算,则期权的价值可利用股票期权定价模型进行估算。

由于大多数的雇员股票期权不可以在市场上进行交易,因此,采用估值模型进行估计就成为获得雇员股票期权公允价值的主要途径。在采用Black-Scholes 期权定价模型、二叉树期权定价模型估算雇员股票期权的公允价值时,最主要的问题在于无风险利率的选择。美国、日本在估计雇员股票期权的过程中采用的是与雇员股票期限相一致的国债收益率作为无风险利率。首先,国债收益率作为无风险利率是毫无争议的,其次,国债收益率的期限相对较长,这与雇员股票期权通常期限较长的特性不谋而合,因此,采用与雇员股票期限相一致的国债收益率作为无风险利率具有一定的合理性。目前中央结算公司公布的中债国债收益率曲线(到期)分别有 3 个月、6 个月、9 个月、1 年、3 年、5 年、7 年、10 年、15 年、20 年、30 年、50 年等 12项,而我国当前的雇员股票期权尚处于发展过程中,因此,挑选与雇员股票期权期限相适应的中债国债收益率曲线作为无风险利率绝对是可能的,因此在我国未来雇员股票期权公允价值的估算过程中,与雇员股票期权期限相适应的中债国债收益率无疑是无风险利率的不二选择。

在实证部分,本报告以理论分析为基础,选择东方财富 2014 年雇员股票期权激励计划为研究对象,选取了东方财富 2017 年 11 月 21 日—2018 年 7 月 30 日的股价数据,采用 B-S 模型,选定与雇员股票期权期限相适应的国债收益率曲线——人民银行的 5 年期存款标准利率、5 年期中债国债收益率,作为无风险利率,运用 EGRACH 模型测算股票期权的波动率为 0.1828,测算得到东方财富雇员股票期权公允价值在 5 年期存款利率下为 10.0178,在 5 年期中债国债收益率下为 9.8955,在五年期存款利率作为无风险利率具有可信度的情况下,中债国债收益率的计算结果与之相差无几,进一步说明采用中债国债收益率估算公允价值并应用于雇员股票期权定价是具有一定可行性的。

从本章分析结果中可以得出,雇员股票期权的纳入会对国民经济核算中的收入分配带来一定的影响:第一,雇员股票期权纳入劳动者报酬之中后,虽然这不会对收入法或者生产法核算得到的增加值总量产生影响,但是会改变收入法核算的增加值的构成。劳动者报酬在增加值中的占比势必会增大,因此,营业盈余在增加值中的占比会相应减小。

第二,在收入初次分配过程中,住户部门因为雇员股票期权的获得而使其劳动者报酬增加,从而在其他情况不变时,住户部门劳动者报酬在收入初次分配中的中收入增加,其在经济总体初次分配总收入中的占比也会上升。企业部门初次分配总收入减少,相应的在经济总体初次分配总收入中的占比也会减少。政府部门由于不参与雇员股票期权的发行,因此其初次分配总收入不会发生改变。

第三,即便有税收的存在,但因住户部门增加的税收小于其初次分配收入增加量,因此在收入再分配过程中。居民的可支配收入还是增加的。企业因雇员股票期权而得到了税收优惠,从而其可支配收入较以前依然是减小了。政府则会因为税收的问题而使其可支配收入受到影响,如果因雇员股票期权而产生的个人所得税大于减免的相应企业所得税,则二者的差值表示政府可支配收入的增加,反之表示政府可支配收入的减少。

第五章 总结与政策建议

一、主要研究结论与问题

1.引导债券公允价值选择合适的参考利率,核算金融中介服务产出(FISIM)

现有核算体系中,间接测算的金融中介服务(FISIM)出现核算漏洞,致使SNA内部出现核算不一致性以及FISIM负值。因此,SNA2008建议参考利率应反映存贷款的风险和期限结构。随之,国际与欧洲FISIM工作组探讨了各种经风险和期限调整的参考利率以改进FISIM核算,包括加权参考利率、匹配参考利率、长短期双参考利率、中点参考利率与SNA建议的参考利率。为了检验上述参考利率在我国的适用性,本文从利率的波动性、FISIM负值发生的可能性以及对FISIM生产造成的影响等方面,对这些参考利率进行实证检验。研究发现,期限调整方面,加权参考利率与长短期双参考利率相对稳定,发生FISIM负值的可能性也较小。其中,长短期参考利率更为简单,实践操作性也更强,目前国内参考利率的选择建议采用长短期两种参考利率法,其中,3个月中债国债收益率为短期参考利率代表,10年期中债国债收益率为长期参考利率代表。我国账面价值参考利率在稳定性、FISIM负值、风险调整方面均存在比较优势,缺点是没有考虑参考利率的期限调整。

2.全面推广金融资产公允价值计量,确保第三方估值客观性

债券的公允价值是最能体现"市场性"的一种价格,用核算时点债券的公允价值进行存量核算有助于健全、完善我国的资产负债存量核算体系。对于存在活跃市场的债券品种,核算时点市场成交价格就是其公允价值,对于不存在活跃市场的债券品种,则应当用合理的估值代替公允价值。

对于债券公允价值的估算有一点值得注意,那就是若由机构单位内部财会人员采用估值技术进行编制债券估值,那么在估值公允性方面可能存在天然的缺陷。这是因为对债券估值模型的贴现率的选择和对未来现金流量的估计均离不开对未来事项和不确定性的主观判断,由于主观判断因素的存在,机构单位内部会计人员很难做到保证其对估值所需参数的判断不受公司管理层影响。

所以为保证国民经济核算的准确性、核算结果能够更好地为宏观管理服务,对于债券的估值应尽量避免内部估值,而较多地采用外部估值数据。所谓外部估值,就是由企业外部的独立的第三方专业估值机构提供估值数据。目前,我国市场上有大量提供外部估值服务的专业机构。在众多估值中,"中债估值"是现阶段市场上最具代表性的专业外部估值之一。通过构建科学的估值模型,"中债估值"已经实现境内各币种债券品种估值全覆盖,目前每日发布58000余条债券估值信息——满足资产负债核算所需数据对即时性、准确性的要求。

3.非金融资产公允价值计量遵循基本准则,实际推广有难度

对于非金融资产的核算范围,目前我国最新出台的《中国国民经济核算体系2016》基本上与SNA2008保持一致,对于核算价值的确认,虽然在表述上可能存在一定的差异,但是从SNA2008以及欧盟和美国的核算准则来看,基本原则几乎是一致的。

能否采用公允价值计量非金融资产,首先应判断是否符合各项资产运用公允价值的条件。因此,公允价值的运用基于主观判断的定性因素先于具有量化标准的定量因素,从而使公允价值的确认显得尤为重要。

计量是公允价值运用的核心问题,它既体现着公允价值的实质,又决定了公允价值运用的效果。我国非金融资产在进行公允价值计量时仍借鉴了国际会计准则的层级划分,将公允价值分为三个层次:当存在活跃的市场时,采用资产的市场价格;当不存在活跃的市场时,如果存在相似的非金融资产有市场价格,可以采用其市场价格进行估计;如果不存在相似的非金融资产,那么就需要采用相应的模型进行估计,主要有现值的期望现金流量法、估计模型法、销售法、成本法等等,甚至可以采用高级管理层的内部估值。

4.完善雇员股票期权公允价值核算制度,公开相关核算数据

雇员股票期权在最新修订的《国民经济核算体系2008》中被正式纳入金融资产,并确定了统一的价值核算方法——公允价值,SNA的这一规定,给世界各国国民经济核算体系对于雇员股票期权是否纳入国民经济核算体系以及如何核算提供了新的基准和参考。我国在最新修订的《中国国民经济核算体系2016》中也正式引入雇员股票期权,并强调与SNA2008对雇员股票期权的核算保持一致,即均采用"公允价值"进行计量。因此,公允价值计量成为雇员股票期权核算的首要要求。

由于大多数的雇员股票期权不可以在市场上进行交易,因此采用估值模型进行估计就成为获得雇员股票期权价值的主要途径。在采用Black-Scholes期权定价模型、二叉树期权定价模型估算雇员股票期权的公允价值时,最主要的问题在于无风险利率的选择、股价波动率的确认。由于当前我国雇员股票期权实施过程中的相关细则较为明确,本报告以理论分析为基础,选择东方财富2014年雇员股票期权激励计划为研究对象,确认雇员股票期权公允价值计量切实可行。为了让雇员股票期权价值在国民经济发展过程中发挥作用,今后完善雇员股票期权公允价值核算制度,公开相关核算数据显得尤为重要。

二、政策建议

1.推广债券公允价值指标的使用

债券资产是我国金融机构金融资产的重要组成部分,公允价值已经成为我国金融机构计量金融资产与金融负债的主要方法之一。然而,在研究过程中我们发现一些问题。首先,债券市场是报价驱动为主,一对一的报价驱动交易会产生许多异常交易。这些表面看似活跃的市场价格不能完全代表公允价值,而是需要经过公允估值的检验。其次,我国金融机构在使用估值技术的过程中,对会计准则规定披露的估值模型、参数及假设等要求没有进行详尽的披露。在道德风险和信息不对称的情况下,投资人和主管部门很难获知金融机构采用的债券资产定价方法,投资人的利益难以得到保障。由于缺乏债券公允价值的选取标准,对审计工作的开展也造成一定程度的影响,可能导致公允价值出现"不公允"的风险。

亚洲金融危机之后,我国债券托管结算机构自发形成第三方估值机构为市场提供债券公允估值。经过十年的发展,中央结算公司推出的中债收益率曲线和估值等价格产品已经得到市场广泛的应用。研究表明,我国基金行业率先在会计核算中采用中债估值作为债券公允价值;一些银行、证券公司自发地采用中债估值作为公允价值的会计核算依据并在年度报告中进行披露。同时,随着债券市场的发展和巴塞尔协议的推进,推广中债曲线与估值在金融机构风险管理方面的应用,可以为金融体系提供统一的尺子来衡量金融机构债券投资的业绩。

随着债券风险管理与会计核算公允价值的推广,第三方债券公允估值专业性、公允性及经济性等特点不断吸引市场需求。在欧美等发达国家,第三方提供债券估值的历史已有数十年。亚洲金融危机后,亚洲一些新兴市场国家和地区,如韩国、菲律宾、泰国、马来西亚和印度等也先后建立起由政府推动的第三方估值体系。从国内外的经验看,推广第三方估值,可以在会计核算、风险管理、协助主管部门进行市场监管、债券发行交易参考定价及宏观经济分析管理等方面发挥重大作用。

2.采用债券公允价值定位参考利率合理核算 FISIM

随着中国逐步走入世界经济舞台中心,金融业在产品种类、机构数量和资产规模等方面发展迅速,需要进一步加强对中国金融中介服务的理论与核算方法的研究。立足于本文的主要研究结论:通过选取合适的参考利率使 FISIM 的产出与使用核算变得更加科学合理,本文比较五种典型的参考利率确定方法,通过参考利率水平值之间的对比、参考利率与存贷款利率的对比,各种参考利率对应的 FISIM 产出及其对 GDP 贡献的差异对比,最终建议采用长短期两种参考利率法来测算 FISIM,其中,3 个月中债国债收益率为短期参考利率代表,10年期中债国债收益率为长期参考利率代表。建议CSD机构用以上结论测算FISIM产出并定期发布,在此基础上将这种改进应用到中国实践,推进中国核算理论与实践的不断发展。

3.企业建立一套用公允价值计量的统计报表

目前,无论是新兴市场还是成熟市场,债券的交易都不活跃。亚洲金融危机之后,亚洲国家普遍建立逐日盯市体系和全面引用国际会计准则,同时又建立了由政府指定的第三方估值机构用于提供公允价值。欧美等国虽然在公允价值会计准则的制定方面建立了国际标准,但是由于缺乏具体可操作的细则,同时也没有统一的公允价值提供方,所以在报表披露和审计方面也是混乱的。

亚洲金融危机和此次全球金融危机,都暴露出了资产泡沫和道德风险问题。从根源上说,金融体系的脆弱性和信息的不对称有很大关系。亚洲金融危机之后,亚洲国家先后采取了一系列措施来提高债券市场的透明度,包括建立起政府指定的第三方债券估值机构、建立交易信息的公开披露系统等。反观欧美等所谓发达国家的债券市场建设现状,在透明度方面反而不如亚洲这些新兴国家。

次贷危机以来,欧美等国采取了一系列金融改革措施,着力提高市场的效率和透明度,但重心放在衍生产品市场上,对债券市场的关注度不够。债券市场是所有金融工具定价的基础,高效、透明的债券市场对金融稳定有着重要意义,在这一点上,亚洲新兴市场国家显然走在了欧美等国的前面。

虽然公允价值与历史成本的内在差异性增加了财务报表编制的复杂

程度，混合计量模式影响了财务报表的一致性，公允价值运用趋势不可阻挡，重返历史成本一统天下已不可能。在当前国际经济环境下，对财务会计概念框架等相关基本理论问题予以深入的研究、总结，不仅极其重要，而且相当迫切。

在国际政治经济格局深刻变化、国际金融监管体制改革积极推进的后金融危机时代背景下，基于信息使用者需求，修订公允价值会计准则、改进财务报告呈报模式，既是IASB与各国准则制定机构紧锣密鼓进行的重大改革工作，也是国际专家学者们所密切跟踪的热点话题。因此，构建以公允价值计量的系列企业会计报表是未来会计计量发展的必经之路。